SÂNDALO & CEDRO

SÂNDALO & CEDRO

CROCHÊ EM FIO DE MALHA

JULIA BUCHHORN | VALDEREZ BUCHHORN

2ª edição revista e ampliada

EDITORA SENAC RIO – RIO DE JANEIRO – 2022

Sândalo & Cedro: crochê em fio de malha © Julia Buchhorn e Valderez Buchhorn, 2019.

Direitos desta edição reservados ao Serviço Nacional de Aprendizagem Comercial – Administração Regional do Rio de Janeiro.

Vedada, nos termos da lei, a reprodução total ou parcial deste livro.

Senac RJ

Presidente do Conselho Regional
Antonio Florencio de Queiroz Junior

Diretor Regional
Sergio Arthur Ribeiro da Silva

Diretor de Operações Compartilhadas
Pedro Paulo Vieira de Mello Teixeira

Diretora de Educação Profissional
Wilma Bulhões Almeida de Freitas

Editora Senac Rio
Rua Pompeu Loureiro, 45/11º andar
Copacabana – Rio de Janeiro
CEP: 22061-000 – RJ
comercial.editora@rj.senac.br
editora@rj.senac.br
www.rj.senac.br/editora

Editora
Daniele Paraiso

Produção editorial
Cláudia Amorim (coordenação), Manuela Soares (prospecção), Andréa Regina Almeida, Gypsi Canetti e Michele Paiva (copidesque e revisão), Patricia Souza, Vinicius Moura e Roberta Santos Silva (design)

Fotos e produção de fotos
Tadeu Bara

Impressão: Coan Indústria Gráfica Ltda.
2ª edição revista e ampliada: abril de 2022

CIP-BRASIL. CATALOGAÇÃO NA PUBLICAÇÃO
SINDICATO NACIONAL DOS EDITORES DE LIVROS, RJ

B934s
2. ed.

    Buchhorn, Julia
        Sândalo & cedro : crochê em fio de malha / Julia Buchhorn, Valderez Buchhorn. - 2. ed., rev. e ampl. - Rio de Janeiro : Senac Rio, 2022.
        272 p. 21 cm

        ISBN 978-65-86493-44-3

        1. Tecelagem manual. 2. Crochê. I. Buchhorn, Valderez. II. Título.

19-59911   CDD: 746.434
                                                                             CDU: 746.4

Meri Gleice Rodrigues de Souza - Bibliotecária - CRB-7/6439

DEDICAMOS ESTE LIVRO AOS QUERIDOS
MARIDOS, QUE SEMPRE, DESDE O COMECINHO,
NOS ESTIMULARAM A ALÇAR VOOS BEM ALTOS.

SÂNDALO & CEDRO • SÂNDALO & CEDRO

SUMÁRIO

PREFÁCIO 9
AGRADECIMENTOS 11
INTRODUÇÃO 13

CAPÍTULO 1 · MATERIAIS: CONHECENDO A MATÉRIA-PRIMA 15
CAPÍTULO 2 · MÃO NA MASSA (OU MELHOR, NOS FIOS E AGULHAS)! 25
CAPÍTULO 3 · EMENDAS 67
CAPÍTULO 4 · BORA CROCHETAR? 79
CAPÍTULO 5 · DICAS ESPECIAIS 251
CAPÍTULO 6 · HORA DE EMPREENDER 257

CONSIDERAÇÕES FINAIS 263

SÂNDALO & CEDRO • SÂNDALO & CEDRO

PREFÁCIO

Vamos iniciar dando as boas-vindas a você, que se interessou por este universo encantador do crochê em fio de malha.

Já são cinco anos emaranhadas em fios e podemos garantir que você não vai conseguir só "molhar os pezinhos". Você vai mergulhar de cabeça e se apaixonar por esse trabalho manual tão versátil e colorido.

Esta é uma arte altamente viciante, terapêutica e com poderes de elevação da autoestima. Sim, é possível fazer coisas lindas com um fio, uma agulha, suas mãos e criatividade, mas, para começar a confeccionar suas peças, você precisa aprender a "pensar crochê" e praticar muito. Precisa saber ouvir seu corpo, ter paciência e ser resiliente. E isso não será do dia para a noite. Como tudo que decidimos aprender na vida, envolverá muito "faz e desfaz". Mas tudo bem! É assim mesmo. Foi assim com a gente e ainda é, na verdade. A sacada é se realizar nas experimentações e apreciar a jornada, afinal é nesse desenrolar de tramas e novelos que a gente aprende, se conhece mais e expande (seja na manualidade, seja, ousamos dizer, até como pessoa!). Nada de desistir sem tentar o suficiente ou buscar se aprimorar cada vez mais. Quanto mais fizer crochê, mais afinidade terá com a técnica e melhores ficarão seus trabalhos.

Neste livro você vai saber mais sobre o mundo do crochê em fio de malha: os pontos básicos e as peças-chave para facilitar sua percepção dessa técnica e possibilitar combinações de ideias para que, a partir de então, você crie. De antemão, queremos ressaltar que vamos pular algumas etapas dos perrengues que passamos quando decidimos começar a tecer. Tudo é aprendizado e toda dificuldade inicial gerou um resultado incrível para nós que, agora, está em suas mãos.

Você já imaginou onde quer estar daqui a alguns anos? De repente, este é o primeiro passo para aprender algo novo e empreender no ramo artesanal de alguma maneira ou, simplesmente, acabar se deliciando com esse tal (e milenar) crochê. Como costumamos dizer, praticamos crocheterapia e fica aqui nosso convite para você!

AGRADECIMENTOS

Muitos são importantes e fundamentais em nossa jornada até aqui. Gostaríamos de agradecer a cada um o apoio ao trabalho autoral artesanal e a confiança no que nos propusemos a executar. Muito obrigada por vocês nos manterem firmes e fortes no universo das manualidades:

- Tadeu Bara
- Marcos Marques
- Henrique Buchhorn
- Aline Formaggio
- Carmen Buchhorn
- Marly Marques
- Francisco da Silva
- Nilza Bara
- Elisa Gomes
- Soraia Lima
- Equipe Senac Rio

Agradecemos também a todos os parceiros que nos receberam para nossas oficinas presenciais sempre de portas abertas ao longo desses anos e também aos que apoiaram projetos on-line da Sândalo & Cedro.

Por fim, não podemos deixar de agradecer imensamente a todos os nossos alunos. Tudo isso só faz sentido quando o saber é compartilhado, e é nessa partilha diária que aprendemos mais. Por vocês, buscamos aprender e aprimorar a cada dia, sempre na busca de fazer nosso melhor.

SÂNDALO & CEDRO • SÂNDALO & CEDRO

INTRODUÇÃO

Ninguém sabe ao certo onde surgiu o crochê. Registros antiquíssimos citam Pré-história, Arábia, China, Espanha e tribos da América do Sul. O certo é que hoje, em pleno século XXI, estamos falando dele e trabalhando com o que amamos.

A técnica prescinde de uma agulha com um gancho na extremidade. Com ela, seguimos trançando os fios. Já se trançou linha de costura, fio de algodão, lã acrílica, juta, sisal, palha, ráfia e até fio feito de sacolinhas plásticas. A versatilidade é, para nós, só uma das características encantadoras do crochê.

Em tempos atuais, eis que surge um novo astro que não cansa de se renovar e nunca sai de moda: o fio de malha. Um fio mais robusto, que nasce do aproveitamento dos resíduos das malharias e indústria têxtil que seriam descartados e incinerados, que agora tem um destino inspirador.

Nós criamos a Sândalo & Cedro em 2014 e tínhamos como protagonistas os fios tradicionais até então. O fio de malha chegou um pouco depois, arrebatou nosso coração artesanal e cá estamos, ensinando e aprendendo coisas maravilhosas com ele. Somos mãe e filha com o propósito de propagar o crochê, capacitar pessoas a terem seus próprios negócios ou simplesmente despertar o processo de autoconhecimento, de olhar para dentro e vivenciar os momentos de quietude e reflexão que essa técnica traz.

BORA CROCHETAR?

CAPÍTULO 1

MATERIAIS:
CONHECENDO
A MATÉRIA-PRIMA

IMPORTÂNCIA ECOLÓGICA

Há poucos anos, esses fios que hoje são matéria-prima de trabalho de uma infinidade de artesãs e artesãos pelo mundo eram apenas resíduos da indústria têxtil. Toneladas de lixo eram descartadas até então e hoje temos o privilégio de usar esses tecidos para transformá-los em lindas peças artesanais. O fio de malha residual tem quase vida própria. Por não seguir padrões, ele se comporta cada vez de uma maneira diferente e, a nosso ver, isso embeleza ainda mais as experiências de tecer.

Como em todo restante do comércio de fios (lãs, linhas e barbantes), o fio de malha residual não tem número de partida, TEX ou lote, nem uma cartela fixa de cores. Mesmo em uma mesma marca, espessura e fibra do tecido podem variar bastante. Nessa jornada de tecelagem com o fio de malha, exercitamos aspectos criativos para resolver os problemas no caminho (como variações de espessura ao longo do novelo, por exemplo) e também nossa paciência para retirar os nós e pequenos defeitos e deixar tudo no lugarzinho que deve estar.

Se você quando criança aprendeu algum ponto de crochê ou fazia correntinhas na linha fina e desistiu porque achava tudo muito demorado, trazemos boas notícias: o fio de malha faz o trabalho ser muito mais rápido por seu volume (que particularmente achamos muito charmoso e moderno). Então, apesar dos pesares, tudo vale a pena quando olhamos para o resultado final. E viva o *upcycling*!

CROCHÊ EM FIO DE MALHA

SÂNDALO & CEDRO

CROCHÊ EM FIO DE MALHA

MATERIAIS E SUAS CARACTERÍSTICAS

É importante explicar aqui que esse mercado é tão novinho que costumamos dizer que ainda engatinha. Vimos de perto o surgimento de novos fornecedores de fios ao longo desses anos de trabalho com a Sândalo & Cedro. Nesse processo todo, o crochê acendeu uma chama em muitos corações inquietos e em busca do fazer manual, mas que sentiram a necessidade de algumas características diferentes. Daí surgiram os que chamamos de Fio de Malha Premium. Esses sim ganharam cartela de cor fixa e produção em escala, só para organizar as questões de espessura e tipo de fibra desse tecido a ser usado, assim como o restante dos fios sintéticos e produzidos do zero. É ótimo saber que também existe mercado para qualquer objetivo, e opções para seu poder de escolha!

Normalmente os fios são vendidos em rolos de 1 kg, mas também é possível encontrar rolos menores. É aquela história que já mencionamos do tecido que vira novelo... Dependendo da fibra, ele é mais leve ou pesado e, por isso, alguns fornecedores nesse meio preferem vender por metragem.

As tradicionais agulhas de crochê também encorparam para acompanhar a espessura maior dos fios de malha e, depois de um período de experiência, também ficaram mais "altas", se assim podemos dizer. Os cabos se alongaram, a ergonomia melhorou e tudo foi se adaptando a esse novo estilo do fazer crochê.

Independentemente do tipo de fio, seja o eco, seja o produzido; seja o de reúso, seja o premium; seja aquele totalmente fora dos padrões, seja o de cores fixas, o importante é usá-lo e expandir sua vontade de criar. As possibilidades são tantas que este livro é só um convite para a jornada no mundo do crochê em fio de malha.

Para começar, reúna as ferramentas ultrapoderosas de trabalho. A lista é curtinha e você só vai precisar de:

- tesoura;
- fita métrica;
- agulhas de crochê de 7, 8, 9 e 10 mm só para começar (de cabo curto ou alongado). Lembra que falamos que a espessura dos fios pode variar? Por isso, é ideal uma variedade de agulhas também;
- por fim, a estrela deste universo colorido: o fio de malha.

SÂNDALO & CEDRO

CROCHÊ EM FIO DE MALHA

23

CAPÍTULO 2

MÃO NA MASSA

(OU MELHOR, NOS FIOS E AGULHAS)!

COMO PEGAR NA AGULHA

Já contamos que as tradicionais agulhas encorparam e cresceram. O que não falamos ainda foi que essa mudança toda gerou experimentações por parte dos curiosos artesãos, que passaram a testar a técnica nessas matérias-primas inovadoras.

Lá nos primórdios, seguindo a arte milenar do crochê, aprendemos a pegar na agulha como se ela fosse um lápis. Quando ela era fininha, com 2 ou 3 mm, isso era bem intuitivo. Mas quando o fio e as agulhas se encheram de volume, o peso também aumentou e assim surgiu um novo jeito de segurar a ferramenta: como uma faca, com a mão por cima da agulha.

O que realmente importa na hora de decidir? Seu gosto pessoal! Você vai precisar testar as duas formas e escolher a mais confortável. Para nós, isso depende muito do tipo de fio, se é mais firme ou mais macio, e até do humor do dia mesmo. Não fique preso a muitas regras, sabe? Aqui não há certo ou errado, mas maneiras diferentes de fazer crochê. É aí que mora a graça e o segredo para a atividade ser sempre mais prazerosa que maçante.

PRINCIPAIS PONTOS DO CROCHÊ

O crochê conta com uma série de pontos básicos. Com eles, você consegue variações e, assim, criar pontos e peças dos mais diversos estilos.

A seguir, você terá todas as instruções para os pontos básicos do crochê. Leia os textos com atenção e, com agulha e fio em mãos, siga os passos indicados nas fotos. Cada seção é finalizada com um vídeo tutorial que o ajudará a praticar e seguir rumo à confecção das peças. Vamos começar a entender e pensar o crochê.

CORRENTINHA

A correntinha é o ponto fundamental. Com ela você pode iniciar trabalhos retos e também trabalhos circulares (em vez de fazer o anel mágico, que ensinaremos mais adiante).

Comece fazendo um anel com o fio, deixando a ponta mais curta para a frente e o fio do rolo para trás. Passe uma laçada trazendo o fio do rolo por dentro do anel.

PASSO 1

Ajuste o nó sem apertar demais.

PASSO 2

PASSO 3

SÂNDALO & CEDRO

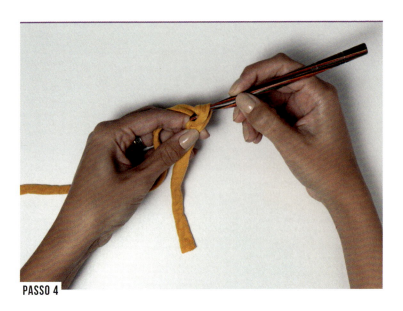

PASSO 4

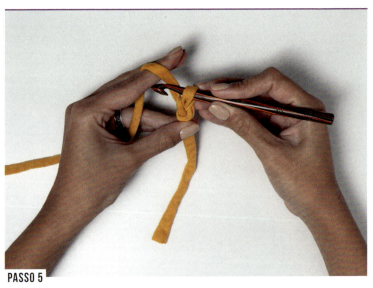

PASSO 5

Pronto, você fez uma correntinha! Siga repetindo o processo até ter pelo menos 10 correntes.

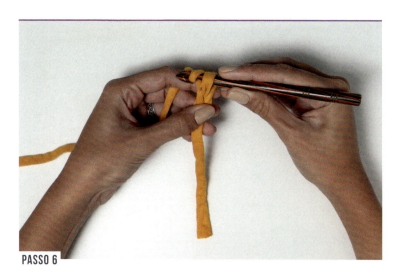

PASSO 6

PASSO 7

O segredo para uma correntinha mais reta é **não apertar muito as laçadas**. Se você apertar as laçadas, terá uma correntinha com tendência a enrolar como um cachinho. O resultado do trabalho será, então, muito justo, facilitando a distorção da peça.

Para que isso não ocorra, pratique bastante a tensão dos pontos por meio das correntinhas. Treine para que elas fiquem bem semelhantes umas às outras.

CORRENTE APERTADA

CROCHÊ EM FIO DE MALHA

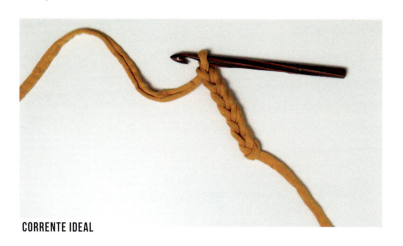

CORRENTE IDEAL

CORRENTE FROUXA

APRENDA A CORRENTINHA

DESTRO

CANHOTO

33

PONTO BAIXO

Feita a correntinha, já temos a base para colocar o ponto baixo, mais um ponto fundamental em crochê.

Coloque a agulha na terceira corrente da sua base (desconsidere a que está presa na agulha e que está conectada a ela, na base).

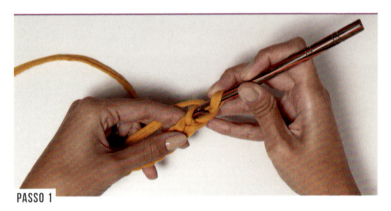
PASSO 1

Traga para a frente uma laçada do fio do rolo, passando por dentro do elo da corrente.

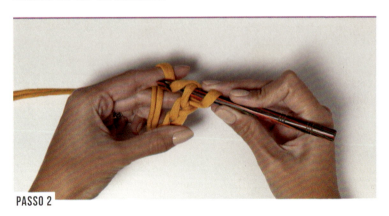
PASSO 2

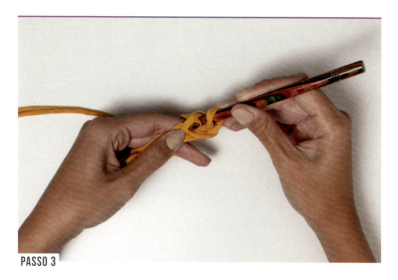

PASSO 3

Estique um pouquinho a laçada para ficar na altura da que está na agulha. Assim, você terá duas laçadas na agulha.

PASSO 4

Lace mais uma vez o fio do rolo (o movimento correto é: mergulhe a agulha por baixo do fio e lace).

PASSO 5

PASSO 6

Passe por dentro das duas laçadas, fechando o ponto.

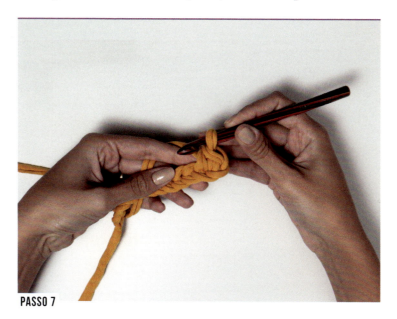

PASSO 7

Pronto, você fez um ponto baixo! Siga na próxima corrente e repita o processo de fazer pontos baixos até o final da sua amostra.

SÂNDALO & CEDRO

 APRENDA O PONTO BAIXO

DESTRO

CANHOTO

PONTO ALTO

Agora faremos o ponto alto, e nossa base será novamente a correntinha.

Ao final da corrente, lace o fio do rolo e introduza a agulha na quinta corrente, ou seja, desconsidere a que está presa na agulha e as outras três conectadas a ela.

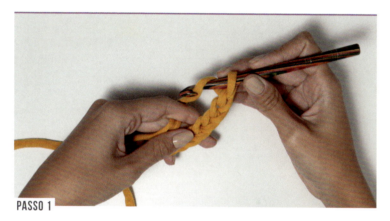

PASSO 1

PASSO 2

Essas três correntes estarão presas a uma outra corrente da base (total de quatro correntes) e representam o ponto alto inicial. Isso é variável, pois você pode fazer esse primeiro ponto alto representado por duas ou três correntes, dependendo da espessura do fio e da tensão de seu ponto. Se optar por duas correntes, você entrará com a agulha na quarta corrente.

Lace o fio do rolo e traga uma laçada por dentro do anel da corrente de base.

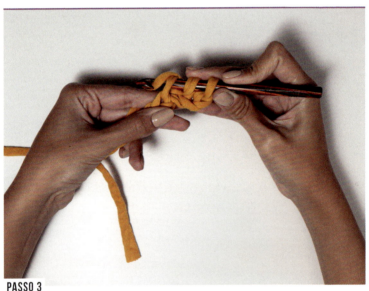

PASSO 3

CROCHÊ EM FIO DE MALHA

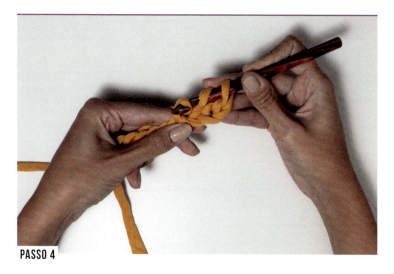

PASSO 4

Estique um pouquinho a laçada para ficar com a agulha em uma diagonal. Assim, você terá três laçadas na agulha.

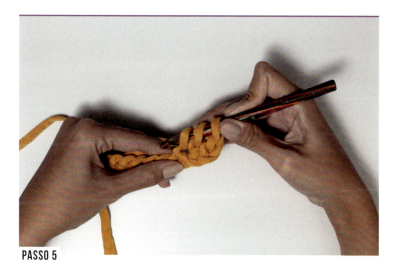

PASSO 5

Lace mais uma vez o fio do rolo (o movimento correto é: mergulhe a agulha por baixo do fio, e lace).

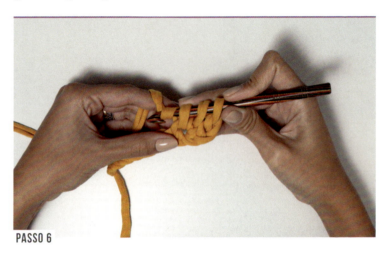

PASSO 6

Passe por dentro das duas laçadas, fechando a primeira etapa do ponto. Assim, você terá duas laçadas na agulha.

PASSO 7

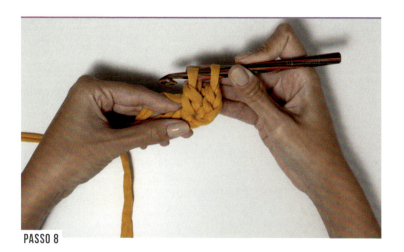

PASSO 8

Lace outra vez o fio do rolo fazendo o mesmo movimento

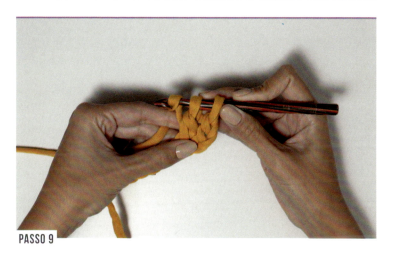

PASSO 9

e feche essas duas laçadas que sobraram (a do ponto e a que está na agulha).

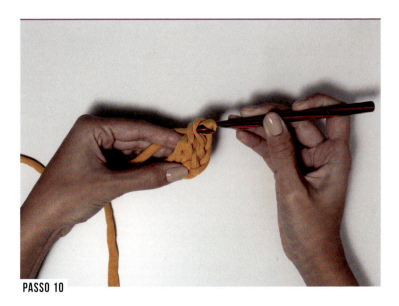

PASSO 10

Pronto, você fez um ponto alto! Siga na próxima corrente e repita o processo colocando ponto alto até o final da sua amostra.

CROCHÊ EM FIO DE MALHA

APRENDA O PONTO ALTO

DESTRO

CANHOTO

PONTO BAIXÍSSIMO

Para ver melhor o desenho do ponto baixíssimo, vamos pegar a amostra de pontos baixos.

Vire o trabalho, faça uma correntinha de subida

PASSO 1

PASSO 2

e volte fazendo o mesmo ponto baixo entre os pontos até o último espaço.

PASSO 3

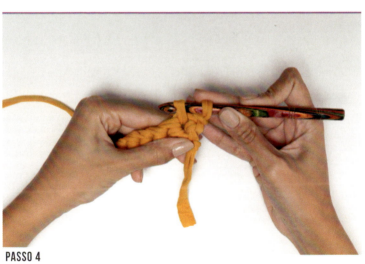

PASSO 4

SÂNDALO & CEDRO

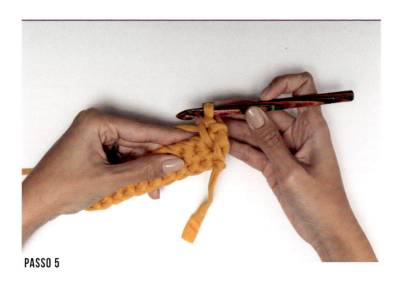

PASSO 5

Agora faremos o ponto baixíssimo, que é muito usado para fechamento de carreiras e acabamentos. Ele lembra a correntinha.

Vire o trabalho e coloque o fio do rolo para trás.

PASSO 1

Introduza a agulha no primeiro espaço entre pontos e lace o fio do rolo.

PASSO 2

PASSO 3

Ao trazer a laçada para a frente, passe-a também por dentro da laçada que está na agulha, fechando de uma vez.

PASSO 4

CROCHÊ EM FIO DE MALHA

PASSO 5

Repita o processo nos espaços seguintes e note que vai se formando um desenho de corrente pela frente do trabalho. Você fez o ponto baixíssimo.

Dica: Aqui você também não pode fazer as laçadas apertadas para o trabalho não entortar.

SÂNDALO & CEDRO

 APRENDA O PONTO BAIXÍSSIMO

DESTRO

CANHOTO

CÍRCULO MÁGICO

O círculo mágico é um jeito muito prático de iniciar trabalhos circulares e, justamente por ser ajustável (mágico), fica com um aspecto bem fechadinho no centro.

Com a mão direita, envolva o fio do rolo nos dedos indicador e médio da mão esquerda, deixando a ponta do fio com mais ou menos 10 cm para a frente.

PASSO 1

Na parte inferior, cruze o fio

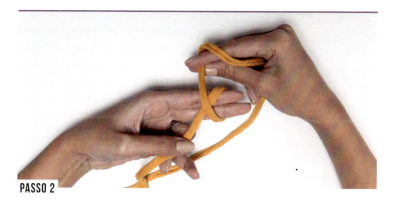

PASSO 2

e, olhando a mão por cima, deixe as laçadas lado a lado.

PASSO 3

Com a agulha, mergulhe por baixo da primeira laçada e passe por cima da segunda, enganchando o fio.

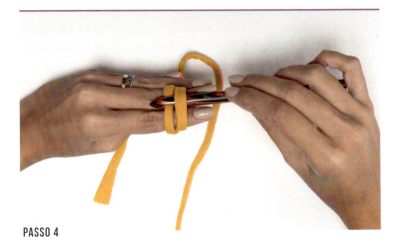

PASSO 4

Traga esse fio enganchado, passando por baixo do fio da primeira laçada.

CROCHÊ EM FIO DE MALHA

PASSO 5

Torça a laçada que ficou na agulha,

PASSO 6

mergulhe e pesque o fio do rolo, fazendo outra laçada (como na correntinha).

PASSO 7

Traga a laçada do fio por dentro da que está presa na agulha e retire os dedos do círculo.

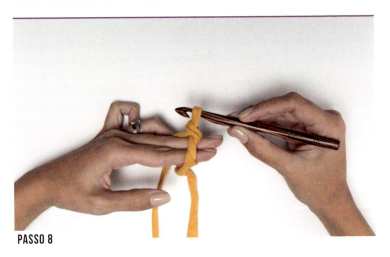

PASSO 8

Pronto, você fez um círculo mágico!

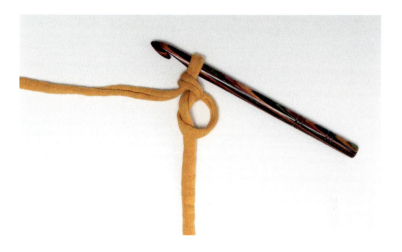

Para ver a mágica do círculo, vamos colocar oito pontos baixos nele (aqueles mesmos que você aprendeu após a correntinha).

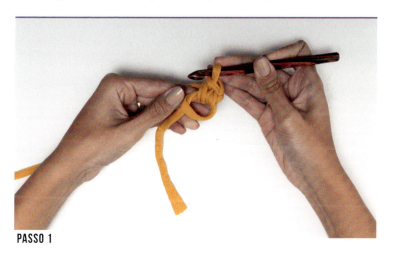

PASSO 1

Não conte o nó que fizemos para fechar o círculo, ele não é um ponto baixo, apenas uma corrente de fechamento.

PASSO 2

Dica: Para ter certeza de quantos pontos baixos você fez, conte pela cabeça do ponto, essa que parece uma correntinha. Você precisa ter oito no total.

Segure então o fio curto que está sobrando e puxe delicadamente, até travar.

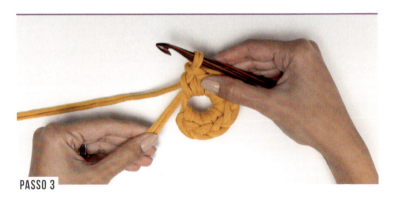

PASSO 3

CROCHÊ EM FIO DE MALHA

PASSO 4

Seu círculo mágico será ajustado e você pode fechar a primeira carreira de pontos baixos da seguinte forma:

Identifique o primeiro ponto baixo do trabalho (ele tem a aparência da letra "v"). Sobre ele, há uma corrente que nós gostamos de chamar de cabeça do ponto. É embaixo dela que você vai introduzir sua agulha.

PASSO 5

Lace o fio do rolo e traga para a frente. Feche de uma vez com um ponto baixíssimo.

SÂNDALO & CEDRO

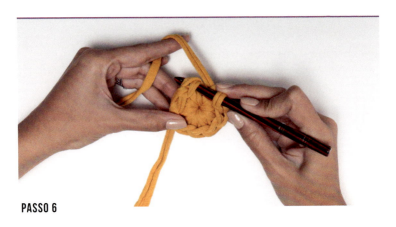

PASSO 6

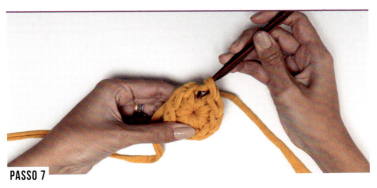

PASSO 7

Agora você pode praticar os pontos de forma linear ou circular.

Sempre que iniciar uma carreira de ponto baixo, faça primeiro 1 corrente. Quando iniciar uma carreira de ponto alto, faça 3 correntes (se o fio de malha estiver mais grosso, você pode fazer 2 correntes em vez de 3).

É muito importante saber identificar o desenho que eles formam e, no caso do trabalho circular, fechar o ponto sempre no lugar correto para não criar ou diminuir pontos no trabalho quando você não tiver essa intenção.

APRENDA O CÍRCULO MÁGICO

DESTRO   CANHOTO

AUMENTOS

Para os trabalhos circulares, você precisará fazer aumentos no diâmetro da peça, que vai crescendo para os lados. Caso não faça aumentos e mantenha sempre o mesmo número de pontos, o trabalho se fechará e começará a subir de forma tubular.

Como o fio de malha nem sempre é uniforme, os aumentos não serão matemáticos, carreira por carreira. Você pode usar pontos altos para visualizar melhor a dica a seguir, mas ela também vale para o ponto baixo.

Quando fizer o ponto e ele ficar inclinado para a direita em relação ao centro, você poderá colocar mais um ponto no mesmo espaço.

PASSO 1

Se fizer um ponto e ele ficar inclinado para a esquerda em relação ao centro, você precisará desfazer um ponto, pois o aumento foi desnecessário.

PASSO 2

Em relação ao centro, os pontos devem ser sempre perpendiculares (salve a matemática!), como os ponteiros de um relógio.

PASSO 3

Outra ótima dica para identificar problemas com aumentos demais ou de menos é apoiar a peça na mesa e analisar. Se ela está se fechando, como uma cuia, é porque fez poucos aumentos e são necessários mais. Se ela está formando uma espécie de babado, é porque fez muitos aumentos e não precisava de tantos.

A peça precisa estar totalmente plana em relação à mesa.

APRENDA QUANDO FAZER AUMENTOS

DESTRO

CANHOTO

CROCHÊ EM FIO DE MALHA

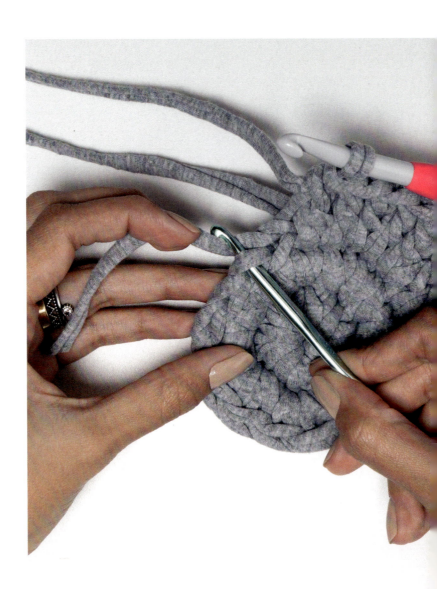

CAPÍTULO 3

EMENDAS

COMO LIDAR COM AS IMPERFEIÇÕES DO FIO DE MALHA RESIDUAL

VARIAÇÕES DE ESPESSURA, NÓS E EMENDAS COSTURADAS

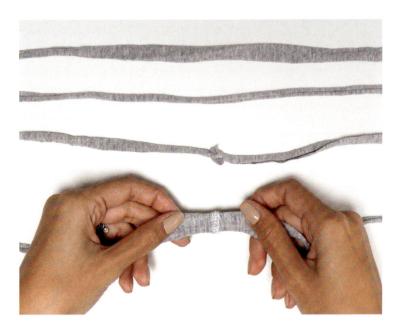

No fio de malha residual, é comum haver imperfeições ao longo do rolo, como oscilações na espessura do fio, nós e emendas com costura tipo overlock.

Como já informado, os fios eram resíduos da indústria têxtil e por isso podem surgir esses defeitinhos. Mas a gente não quer que eles apareçam nos trabalhos e, portanto, temos uma forma fácil e segura para você emendar o fio, eliminando todas essas imperfeições. Corte a parte que você queira retirar, como a costura, por exemplo, que prejudica bastante o caimento e a consistência do trabalho.

Procure a parte que o fio volta a ficar com a mesma espessura em que você estava trabalhando e *rip*!, corte, sem dó (mas não descarte… Lembra de ser um fio reaproveitado e, por isso, ecológico?), e guarde para fazer alguma outra coisa, como franjinhas, enchimento etc.

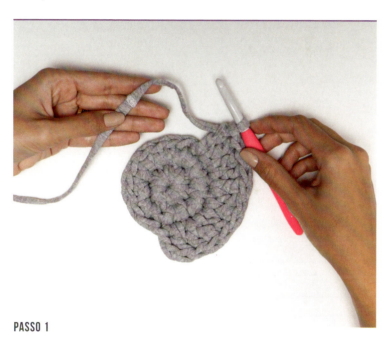

PASSO 1

SÂNDALO & CEDRO

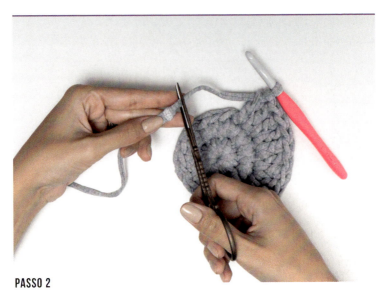

PASSO 2

PASSO 3

Com seu ponto aberto, ou seja, sem a laçada final, traga o fio novo em uma laçada, unindo os fios em um ponto do trabalho.

PASSO 4

Vamos enrolar as duas pontas que estão soltas por mais ou menos seis cabeças de pontos da carreira anterior, a fim de prendê-las pelo trabalho.

SÂNDALO & CEDRO

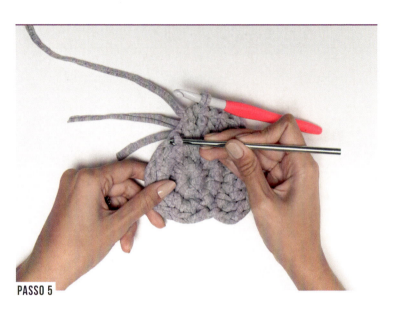

PASSO 5

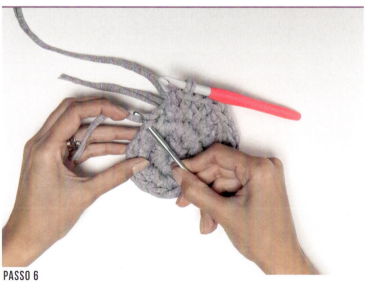

PASSO 6

CROCHÊ EM FIO DE MALHA

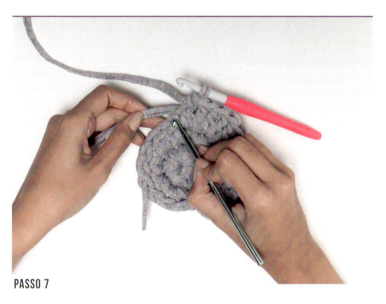

PASSO 7

PASSO 8

Se você apenas conduzir sobre os pontos sem torcê-las enganchando nas cabeças, esse fio pode correr e se soltar. Também não gostamos de nós nos trabalhos e, por isso, preferimos fazer assim.

Continue então fazendo seus pontos de crochê, cobrindo os fios que foram torcidos.

PASSO 9

Ficarão ainda mais presos com os pontos por cima e não vão se soltar. Pronto, trabalho lindo de novo!

PASSO 10

Ah, importante: você não pode fazer isso se essa for a carreira final do trabalho, como o acabamento. Aí a solução é deixar as duas pontas para o lado avesso da peça, esconder o fio por entre os pontos e dar um pontinho com linha e agulha de forma ultradiscreta!

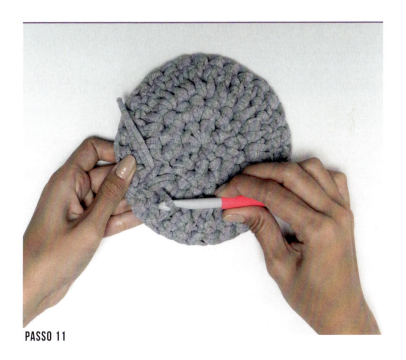

PASSO 11

SÂNDALO & CEDRO

PASSO 12

CROCHÊ EM FIO DE MALHA

PASSO 13

CAPÍTULO 4

BORA CROCHETAR?

Para que possamos seguir evoluindo, iniciaremos com uma peça básica linear e vamos aumentando o nível de dificuldade pouco a pouco.

A seguir, você terá todas as instruções para começar a confeccionar as peças. Leia os textos com atenção e, com agulha e fio em mãos, siga os passos indicados nas fotos para fazer colar, lugar americano retangular, clutch/carteira/nécessaire, sousplat, cesto organizador quadrado e bandeja decorativa redonda com alça. Cada seção é finalizada com uma peça alternativa para a mesma técnica.

Nível de dificuldade:

 fácil    médio

PEÇA 1: COLAR

Nível de dificuldade:

Pontos usados: correntinha e ponto baixíssimo

Quantidade de fio: restinhos de fio de 3 cores diferentes e espessuras semelhantes

Material: fio de malha + 1 agulha de crochê com tamanho equivalente à espessura do fio, terminais de bijuteria para acabamento

CROCHÊ EM FIO DE MALHA

Faça 24 correntes deixando uma sobra de fio longa, com mais ou menos 30 cm tanto no início quanto no final. Corte essa cor de fio.

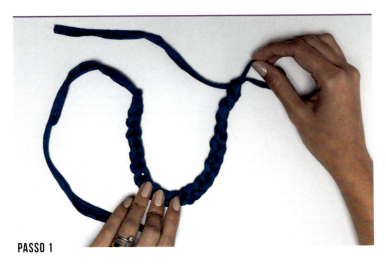

PASSO 1

Introduza uma laçada com outra cor no primeiro elo da corrente

PASSO 2

CROCHÊ EM FIO DE MALHA

PASSO 3

e vá fazendo pontos baixíssimos ao longo da correntinha. (Importante não apertar os pontos.)

PASSO 4

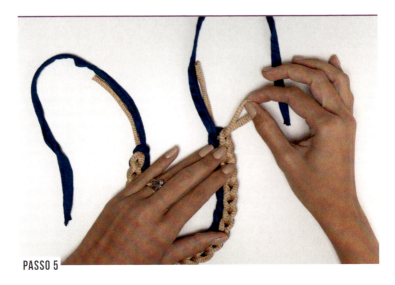

PASSO 5

Repita o processo com a outra cor de fio.

PASSO 6

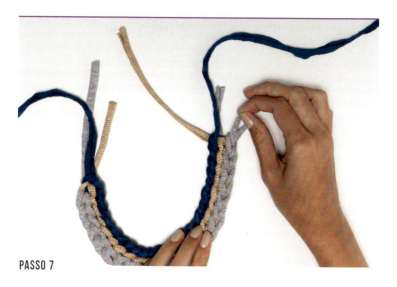

PASSO 7

Vire a peça.

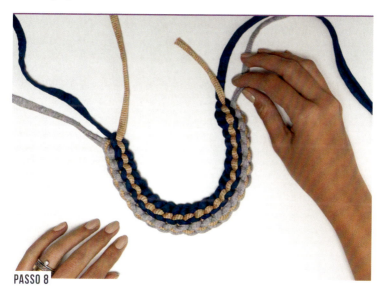

PASSO 8

Arremate os fios no lado de trás com uma gota de cola universal ou de tecido e deixe apenas o primeiro, mais longo, para poder amarrar ao redor do pescoço.

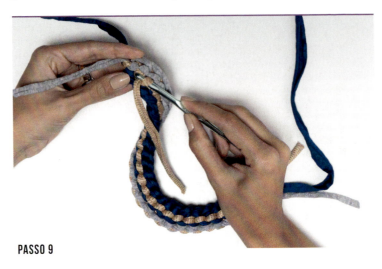

PASSO 9

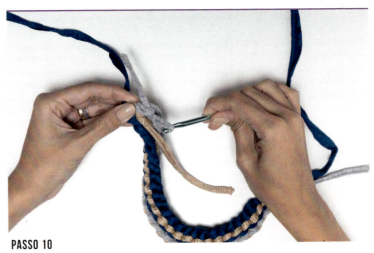

PASSO 10

CROCHÊ EM FIO DE MALHA

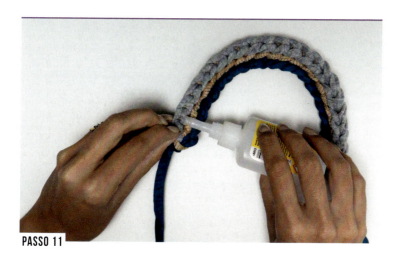

PASSO 11

Dica: Se você gostar, pode incrementar seu colar com miçangas e acabamentos para bijuteria.

PASSO 12

SÂNDALO & CEDRO

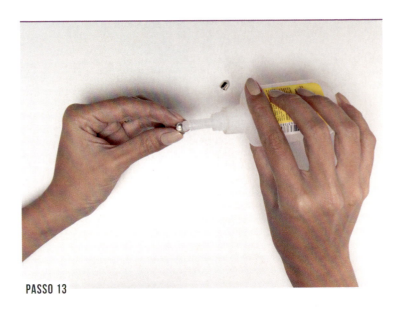

PASSO 13

PASSO 14

CROCHÊ EM FIO DE MALHA

FAÇA TAMBÉM

Com a técnica do colar, podemos fazer também alça para bolsa.

PEÇA 2: LUGAR AMERICANO RETANGULAR

Medida: 40 x 28 cm

Nível de dificuldade:

Pontos usados: correntinha, ponto baixo, ponto alto

Quantidade de fio: em média, 800 g o par

Material: fio de malha + 1 agulha de crochê com tamanho equivalente à espessura do fio

CROCHÊ EM FIO DE MALHA

Inicie fazendo mais ou menos 32 correntes (como o fio pode oscilar em espessura de rolo para rolo, esse número pode mudar, então faça a correntinha e meça até obter 40 cm).

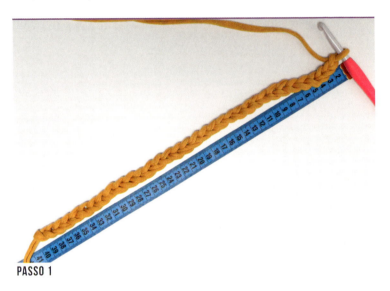

PASSO 1

Pule as duas primeiras correntes (a que está na agulha e a que está presa a ela) e na terceira corrente faça um ponto baixo. Siga fazendo ponto baixo por toda a carreira.

PASSO 2

CROCHÊ EM FIO DE MALHA

Ao colocar os pontos, a nossa corrente vai aumentar de tamanho, por isso vamos tirar os que sobraram até obtermos a medida de 40 cm.

PASSO 3

PASSO 4

Vire o trabalho, suba três correntes e

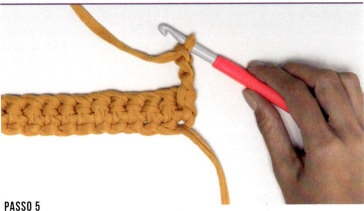

PASSO 5

faça o ponto alto no primeiro espaço entre pontos. (Se você pular esse espaço, pode ficar um buraquinho se o seu fio estiver mais fino, por exemplo; então, sempre fazemos ponto logo no início, sem pular.)

PASSO 6

CROCHÊ EM FIO DE MALHA

PASSO 7

Faça essa sequência, indo em ponto baixo e voltando em ponto alto até obter mais ou menos 28 cm de altura.

Ao chegar na medida, vire a peça e arremate o fio pelo avesso, escondendo por trás de alguns pontos e costurando a pontinha com linha e agulha (como mostramos no final do capítulo de emendas).

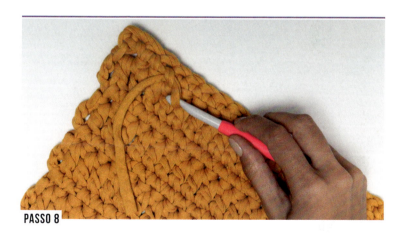

PASSO 8

Pronto, você já tem uma peça retangular que pode usar como lugar americano.

Seguindo a mesma lógica de construção, mudando apenas as medidas, você pode fazer trilho de mesa, tapetes e passadeiras, por exemplo.

Dica: Caso queira dar um acabamento na peça, pode fazer ponto baixo e ponto baixíssimo dando a volta nela toda. Fica superfofo!

FAÇA TAMBÉM

Com a técnica do lugar americano, podemos fazer também capa de almofada. Esta foi feita somente com ponto baixo indo e voltando.

CROCHÊ EM FIO DE MALHA

PEÇA 3: CLUTCH/ CARTEIRA/ NÉCESSAIRE

Medida: 28 x 20 cm

Nível de dificuldade:

Pontos usados: correntinha, ponto baixo e ponto alto

Quantidade de fio: em média, 500 g

Material: fio de malha + 1 agulha de crochê com tamanho equivalente à espessura do fio

Material extra: agulha de tapeçaria para acabamento

CROCHÊ EM FIO DE MALHA

Com o mesmo esquema de retângulo do lugar americano, faça uma base de mais ou menos 28 cm e altura de 46 cm.

PASSO 1

PASSO 2

CROCHÊ EM FIO DE MALHA

PASSO 3

PASSO 4

PASSO 5

SÂNDALO & CEDRO

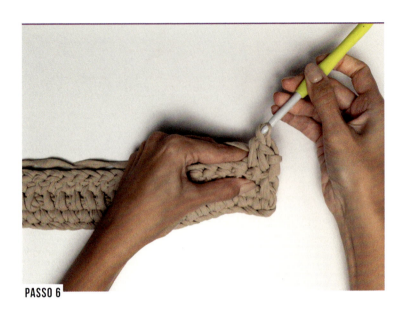

PASSO 6

PASSO 7

Dobre um lado até o meio e depois dobre a outra parte por cima, como um envelope.

PASSO 8

Arremate as pontas dos fios sempre por trás de alguns pontos, do lado avesso (de dentro) da sua bolsa.

PASSO 9

SÂNDALO & CEDRO

PASSO 10

PASSO 11

CROCHÊ EM FIO DE MALHA

Para fechar as laterais, faça um alinhavo simples em diagonal ou em "x". Com a ajuda de uma agulha de tapeceiro, introduza o fio de malha da sua escolha e comece a "costurar" da base até em cima.

PASSO 12

PASSO 13

SÂNDALO & CEDRO

PASSO 14

PASSO 15

CROCHÊ EM FIO DE MALHA

Ao chegar à abertura da bolsa, volte com o arremate, descendo em direção à base, cruzando como um "x".

PASSO 16

PASSO 17

Se quiser, você pode prender um botão para o fecho ou até mesmo costurar um zíper na parte interna da sua bolsa e incrementá-la com acessórios, pingentes, chaveiros e alças, customizando de diversas maneiras.

Já pensou na versatilidade desta peça?

PEÇA 4: SOUSPLAT

Medida: 33 cm de diâmetro
Nível de dificuldade:
Pontos usados: círculo mágico, correntinha, ponto baixo, ponto alto e ponto baixíssimo
Quantidade de fio: em média, 800 g o par
Material: fio de malha + 1 agulha de crochê com tamanho equivalente à espessura do fio

CROCHÊ EM FIO DE MALHA

Comece fazendo o círculo mágico

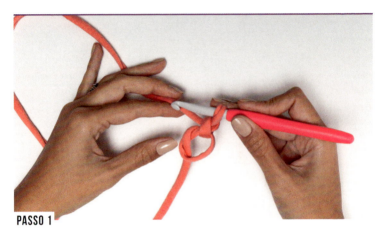

PASSO 1

e coloque 8 pontos baixos (sem contar o nó de fechamento do círculo).

Feche a carreira com um ponto baixíssimo.

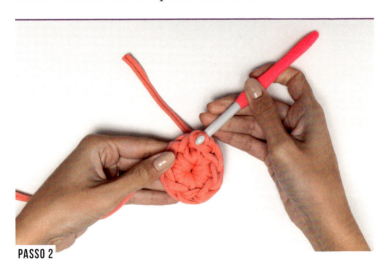

PASSO 2

Suba 1 corrente e faça 2 pontos baixos em cada espaço entre pontos da carreira anterior; o primeiro e o último serão pontos sozinhos. Total: 16 pontos baixos.

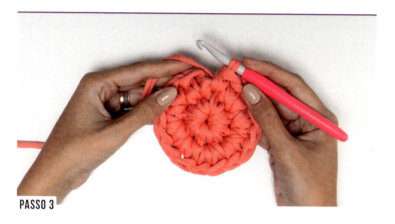

PASSO 3

Finalize com ponto baixíssimo e suba 2 ou 3 correntes e repita o mesmo raciocínio, porém com pontos altos. Feche a carreira em ponto baixíssimo.

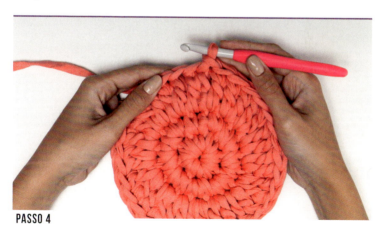

PASSO 4

Pegando somente na alça de trás da cabeça do ponto alto,

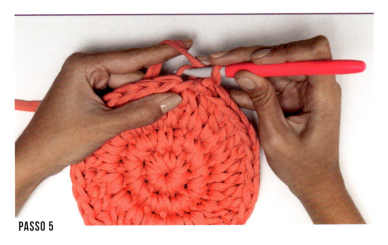
PASSO 5

faça 1 ponto baixo em cada espaço.

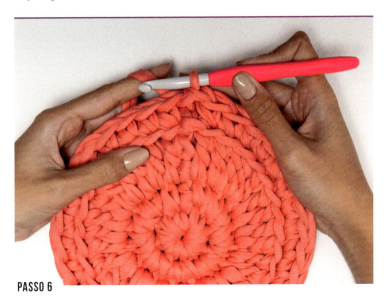
PASSO 6

Vá intercalando carreiras de ponto alto com aumento quando necessário, conforme aprendemos anteriormente, com carreiras de ponto baixo pegando atrás, até obter mais ou menos 33 cm de diâmetro. No acabamento, faça um bico intercalando sempre, por toda a carreira, 1 corrente e 1 ponto baixíssimo no espaço entre pontos.

PASSO 7

PASSO 8

PASSO 9

Ao finalizar a carreira, corte o fio, puxe tudo pela laçada, leve-o para o avesso por dentro da cabeça do último ponto da carreira

PASSO 10

CROCHÊ EM FIO DE MALHA

PASSO 11

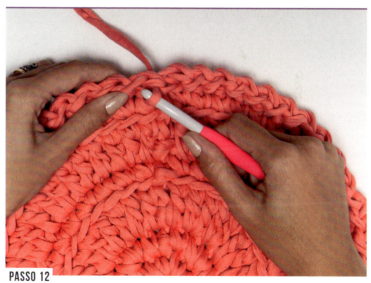

PASSO 12

117

PASSO 13

e arremate pelo avesso atrás de alguns pontos, dando um pontinho com linha e agulha, como mostramos no final do capítulo de emendas.

PASSO 14

FAÇA TAMBÉM

Com a técnica do sousplat, podemos fazer também tapetes.

PEÇA 5: CESTO ORGANIZADOR QUADRADO

Medida: 15 x 15 x 10 cm

Nível de dificuldade:

Pontos usados: círculo mágico, correntinha, ponto baixo, ponto baixo centrado e ponto baixíssimo

Quantidade de fio: em média, 400 g

Material: fio de malha + 1 agulha de crochê com tamanho equivalente à espessura do fio

CROCHÊ EM FIO DE MALHA

Comece fazendo o círculo mágico

PASSO 1

e coloque 7 pontos baixos (sem contar o nó inicial do círculo).

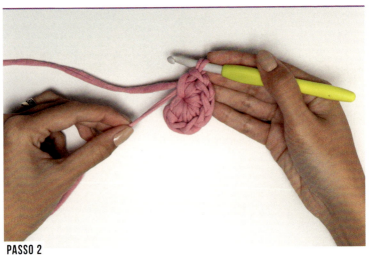

PASSO 2

Feche com 1 ponto baixíssimo embaixo da primeira cabeça do ponto baixo.

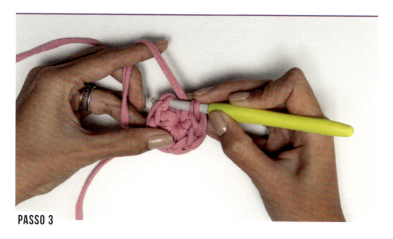

PASSO 3

Suba 1 corrente e faça mais 2 pontos baixos no mesmo espaço (a corrente inicial aqui contará como 1 ponto baixo, com total de 3 pontos juntos).

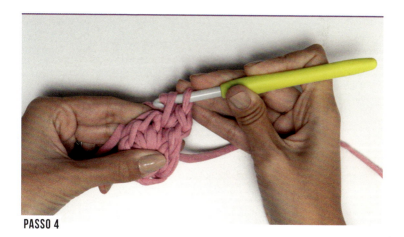

PASSO 4

SÂNDALO & CEDRO

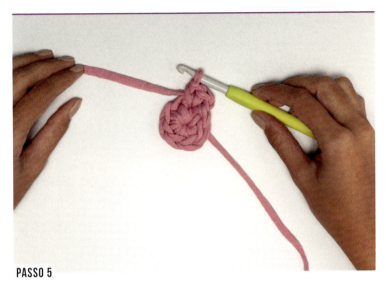

PASSO 5

No próximo espaço, faça 1 ponto baixo sozinho

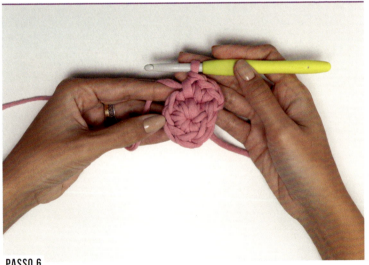

PASSO 6

e, no seguinte, 3 pontos baixos juntos.

PASSO 7

Vá intercalando 1 ponto baixo sozinho com cantos de 3 pontos baixos juntos para criar a forma quadrada.

PASSO 8

Feche com baixíssimo

PASSO 9

e suba 1 corrente. Coloque mais 2 pontos baixos juntos, formando um novo canto e, nos próximos três espaços, faça 3 pontos baixos sozinhos seguidos

PASSO 10

até chegar ao outro canto.

PASSO 11

Nesta receita você seguirá sempre o raciocínio de fazer os pontos de intervalo entre os cantos, aumentando de dois em dois, ou seja, na primeira carreira, 1 ponto baixo sozinho, na segunda, 3 pontos baixos sozinhos, na terceira, 5 pontos baixos sozinhos, depois 7, 9, 11 e assim por diante até chegar ao tamanho que você deseja. Neste cestinho faremos apenas 5 carreiras para um fundo de mais ou menos 15 x 15 cm.

PASSO 12

Gire a peça 180 graus, faça 1 corrente.

PASSO 13

Introduza a agulha somente na alcinha de dentro da cabeça do ponto e faça 1 ponto baixo para cada ponto de base. Assim, você conseguirá iniciar a subida do cesto.

Finalize as carreiras sempre em ponto baixíssimo e suba 1 corrente para iniciar nova carreira.

PASSO 14

CROCHÊ EM FIO DE MALHA

PASSO 15

Para os cestos ficarem estruturados, usamos o ponto baixo centrado. Em vez de colocarmos a agulha nos espaços maiores, entre os pontos, vamos colocar no centro do ponto baixo (do "v").

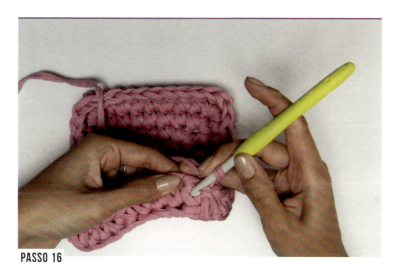
PASSO 16

SÂNDALO & CEDRO

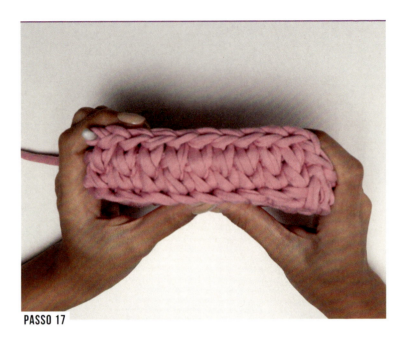

PASSO 17

Dica: Para ter sucesso na execução do ponto baixo centrado, sua laçada precisa ser bem soltinha, sem tensionar o fio.

Suba a quantidade de carreiras até obter a altura desejada. Aqui, no caso, usamos 10 cm de altura. Na última carreira, faça o acabamento todo em ponto baixíssimo, criando uma correntinha na lateral para dar um charme (não aperte para não fechar a boca do cesto).

Ao terminar os pontos baixíssimos, corte o fio,

CROCHÊ EM FIO DE MALHA

PASSO 18

traga para a frente, passe por trás do primeiro ponto baixíssimo que você fez

PASSO 19

e leve para dentro pelo centro do último ponto baixíssimo (o mesmo lugar de onde está saindo o fio).

PASSO 20

Arremate o fio pelo lado de dentro do cesto, escondendo a ponta por trás de alguns pontos e costurando-a com linha e agulha.

FAÇA TAMBÉM

Com a técnica do cesto organizador quadrado, podemos fazer também porta-bijuteria.

PEÇA 6: BANDEJA DECORATIVA REDONDA COM ALÇA

Medida: 20 cm de diâmetro x 7 cm

Nível de dificuldade:

Pontos usados: círculo mágico, correntinha, ponto baixo, ponto baixo centrado e ponto baixíssimo

Quantidade de fio: em média, 500 g

Material: fio de malha + 1 agulha de crochê com tamanho equivalente à espessura do fio

CROCHÊ EM FIO DE MALHA

Comece fazendo o círculo mágico

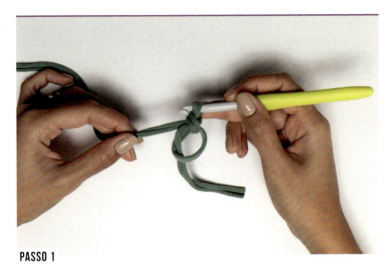

PASSO 1

e coloque 8 pontos baixos (sem contar o nó inicial do círculo).

PASSO 2

Feche com 1 ponto baixíssimo embaixo da primeira cabeça do ponto baixo.

PASSO 3

Suba 1 corrente e faça mais 1 ponto baixo no mesmo espaço.

PASSO 4

Ao longo da carreira, faça 2 pontos baixos juntos (aumentos) em todos os espaços e, no último, 1 ponto baixo sozinho. Feche com 1 ponto baixíssimo e suba 1 corrente.

PASSO 5

Faça 1 ponto baixo no primeiro espaço. No próximo, 1 ponto baixo sozinho e, no seguinte, 2.

PASSO 6

Assim, siga intercalando 1 e 2 pontos ao longo da carreira. Na quarta carreira, repita o mesmo raciocínio da terceira.

PASSO 7

PASSO 8

A partir da quinta carreira, você precisará fazer aumentos aleatórios quando o trabalho pedir, como vimos ao abordarmos o tema aumentos.

PASSO 9

Cuide apenas para que os aumentos não fiquem uns sobre os outros, pois isso fará a peça ficar mais hexagonal que redonda.

Siga aumentando o diâmetro da base até atingir a medida que desejar. Neste caso, faremos com mais ou menos 20 cm.

PASSO 10

Gire a peça 180 graus, faça 1 corrente

PASSO 11

e introduza a agulha somente na alcinha de dentro da cabeça do ponto.

Faça 1 ponto baixo para cada ponto de base. Assim, você conseguirá iniciar a subida do cesto.

PASSO 12

Finalize as carreiras sempre em ponto baixíssimo e suba 1 corrente para iniciar nova carreira.

PASSO 13

Para os cestos ficarem estruturados, usamos o ponto baixo centrado. Em vez de colocarmos a agulha nos espaços maiores, entre os pontos, vamos colocar no centro do ponto baixo (do "v").

Dica: Para ter sucesso na execução do ponto baixo centrado, sua laçada precisa ser bem soltinha, sem tensionar o fio.

Faça então duas carreiras de ponto baixo. Na terceira carreira, conte os pontos para encontrar as laterais da peça e planejar a posição de duas alças.

PASSO 14

Inicie a carreira fazendo pontos baixos até a primeira marca que você estipulou

PASSO 15

e, então, faça a base da alça com mais ou menos duas correntes a mais que a quantidade de pontos que você pular na base do cesto. Ou seja, se você pular 5 pontos, faça uma alça com 7 correntes.

PASSO 16

CROCHÊ EM FIO DE MALHA

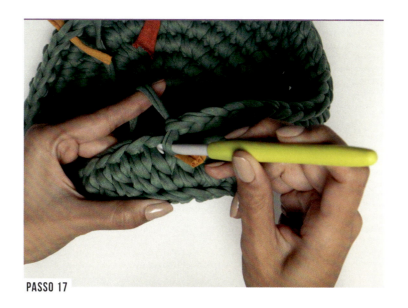

PASSO 17

PASSO 18

145

Repita a mesma coisa do lado oposto

PASSO 19

e siga para o final da carreira, fechando em ponto baixíssimo.

Inicie a próxima carreira fazendo pontos baixos centrados até chegar às alças.

PASSO 20

Faça pontos baixos pegando no meio da corrente.

PASSO 21

PASSO 22

Faça a mesma coisa na alça do lado oposto.

Feche a carreira em ponto baixíssimo e trabalhe com ele ao longo de toda a borda, criando o acabamento para sua peça.

PASSO 23

Ao terminar, corte o fio

PASSO 24

e traga para a frente.

PASSO 25

Passe por trás do primeiro ponto baixíssimo que você fez

PASSO 26

e volte com a ponta para dentro pelo centro do último ponto baixíssimo (mesmo lugar de onde o fio está saindo).

PASSO 27

Esconda a ponta do fio por trás de alguns pontos e depois costure-a.

Você pode fazer bandejas decorativas maiores (de 30 cm de diâmetro, por exemplo).

FAÇA TAMBÉM

Com a técnica da bandeja decorativa com alça, podemos fazer também cestos.

PEÇA 7: CASE PARA NOTEBOOK

Medida: adequar à medida de seu notebook (aproximadamente 31 x 26 cm)

Nível de dificuldade:

Pontos usados: correntinha, ponto baixo e ponto baixíssimo

Quantidade de fio: 1 a 2 novelos de fio de malha

Material: agulha de numeração compatível com a espessura do fio

CROCHÊ EM FIO DE MALHA

Inicie com aproximadamente 25 correntinhas (meça no seu notebook).

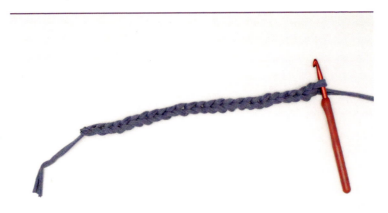

PASSO 1

Volte completando a corrente com 24 pontos baixos.

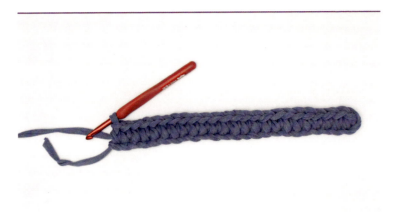

PASSO 2

No 24º espaço, trabalhe mais 3 pontos baixos.

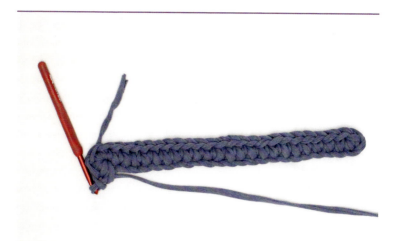

PASSO 3

Siga completando o outro lado da corrente com 22 pontos baixos.

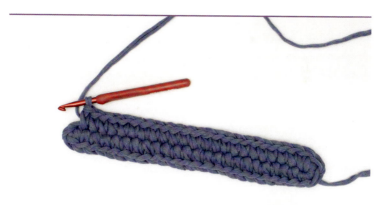

PASSO 4

No último espaço, coloque mais 3 pontos baixos.

PASSO 5

Finalize a carreira com o fechamento simples em ponto baixíssimo.

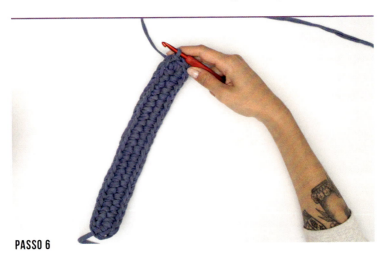

PASSO 6

Suba 1 correntinha para iniciar a carreira e coloque 1 ponto baixo somente na segunda alça da cabeça do ponto baixo.

PASSO 7

Siga dessa forma, mantendo os pontos baixos sempre somente na segunda alça das cabeças dos pontos baixos da base (52 pontos baixos no total).

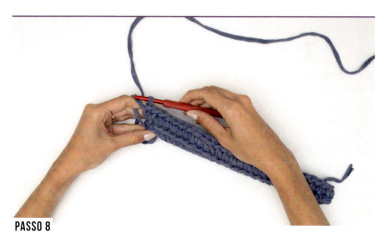

PASSO 8

Finalize a carreira com o fechamento simples em ponto baixíssimo.

PASSO 9

Suba 1 correntinha para iniciar a carreira (em todas as carreiras) e comece a trabalhar com os pontos baixos intercalando ora no espaço entre pontos,

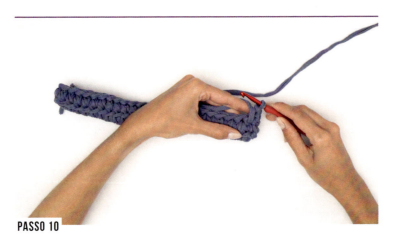

PASSO 10

ora na segunda alça da cabeça do ponto baixo da carreira anterior.

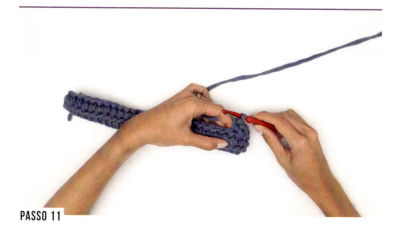

PASSO 11

Finalize a carreira com o fechamento simples em ponto baixíssimo.

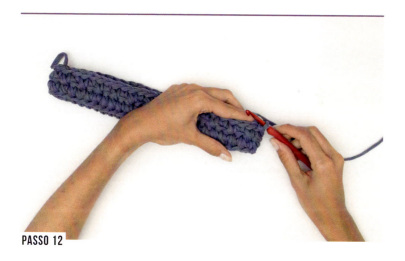

PASSO 12

Repita os pontos, mantendo a sequência da carreira anterior, ou seja, se você iniciou a carreira anterior com 1 corrente + 1 ponto baixo no espaço normal entre os pontos e depois fez 1 ponto baixo na segunda alça, siga na mesma ordem.

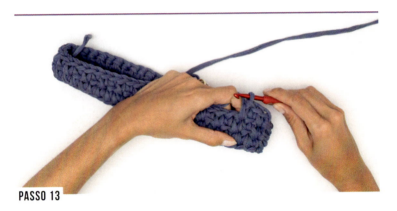

PASSO 13

Trabalhe dessa mesma maneira por um total de 18 carreiras ou até cobrir seu notebook na altura.

PASSO 14

Na 19ª carreira, inicie com 1 correntinha e faça 8 pontos baixos obedecendo à mesma sequência de pontos baixos que você vinha fazendo.

PASSO 15

Faça 9 correntinhas e pule 9 pontos de base.

PASSO 16

Reconecte o fio na peça fazendo 1 ponto baixo (conforme a carreira anterior, na segunda alça, por exemplo)

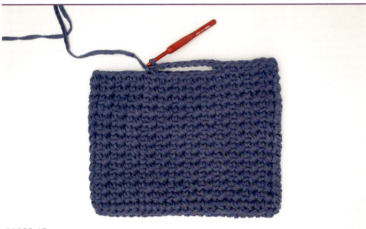

PASSO 17

e, em seguida, trabalhe mais 17 pontos baixos.

PASSO 18

Finalize a carreira com o fechamento simples em ponto baixíssimo.

Ao chegar do outro lado, repita a abertura da alça, fazendo 9 correntinhas e pulando 9 pontos de base. Depois, complete a carreira com os 9 pontos baixos que restam.

PASSO 19

Finalize a carreira com o fechamento simples em ponto baixíssimo.

Na 20ª carreira, inicie com 1 correntinha e trabalhe novamente os 8 pontos baixos da mesma forma.

PASSO 20

Na correntinha, coloque 1 ponto baixo em cada elo (9 pontos baixos),

PASSO 21

e siga igualmente do outro lado.

Finalize a carreira com o fechamento simples em ponto baixíssimo.

Na 21ª carreira, faremos nosso acabamento. Após o encerramento em ponto baixíssimo, continue em todos os espaços seguintes em ponto baixíssimo também,

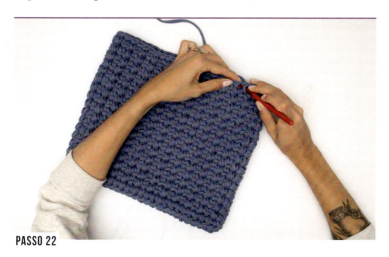

PASSO 22

criando o desenho de correntinha pela lateral dos pontos.

PASSO 23

PASSO 24

Corte o fio do trabalho

PASSO 25

e puxe o que sobrou para a frente, com a ajuda da agulha de crochê.

PASSO 26

Leve a ponta do fio para dentro da peça

PASSO 27

e arremate o que sobrou do fio no lado avesso da peça.

PASSO 28

CROCHÊ EM FIO DE MALHA

PEÇA 8: HANGER PARA PLANTAS

Medida: 30 x 30 cm, com a altura que desejar

Nível de dificuldade:

Pontos usados: círculo mágico, correntinha, ponto alto e ponto baixíssimo

Quantidade de fio: 1 novelo de fio de malha

Material: agulha de numeração compatível com a espessura do fio

CROCHÊ EM FIO DE MALHA

Inicie com um círculo mágico.

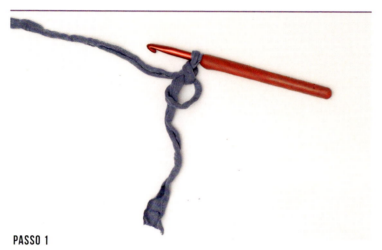

PASSO 1

Suba 2 correntes e faça mais 2 pontos altos.

PASSO 2

Em seguida, trabalhe 2 correntes e, de novo, 1 conjunto de 3 pontos altos, no total de 4 conjuntos de 3 pontos altos separados por 2 correntes.

PASSO 3

Finalize a carreira em ponto baixíssimo.

Inicie a segunda carreira com 2 correntinhas

PASSO 4

e trabalhe ponto alto no centro do ponto alto da carreira anterior.

PASSO 5

No espaço de 2 correntes, que é o canto do quadradinho, faça 2 pontos altos + 2 correntes + 2 pontos altos.

PASSO 6

Siga colocando ponto alto em cima de ponto alto e trabalhando os cantos da mesma maneira nessa carreira até o final.

PASSO 7

Finalize com um ponto baixíssimo.

PASSO 8

Na terceira e na quarta voltas, trabalhe exatamente da mesma maneira.

PASSO 9

PASSO 10

PASSO 11

Na quinta volta, faça 1 ponto baixíssimo para caminhar 1 espaço para a esquerda e inicie com 3 correntes.

PASSO 12

Faça novamente 1 correntinha (corrente de separação),

PASSO 13

pule 1 ponto alto da carreira anterior e, no espaço seguinte, faça 1 ponto alto.

Trabalhe novamente 1 corrente de separação e, no outro espaço, coloque 1 ponto alto.

Faça novamente 1 corrente de separação, pule o último ponto e, no espaço de 2 correntes (canto), repita o canto da carreira anterior: 2 pontos altos + 2 correntes + 2 pontos altos.

PASSO 14

Siga assim até fazer toda a carreira e finalize em ponto baixíssimo na terceira correntinha que fez para iniciar a carreira.

PASSO 15

Na sexta volta, faça um ponto baixíssimo para caminhar 1 espaço para a esquerda e suba 3 correntinhas.

PASSO 16

No espaço de 1 corrente da carreira anterior, faça 1 ponto alto. No espaço seguinte (último espaço antes do canto), trabalhe 3 pontos altos.

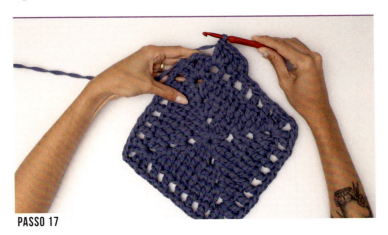

PASSO 17

No canto, dessa vez faça somente 1 ponto alto + 2 correntes + 1 ponto alto.

PASSO 18

Siga dessa forma pela carreira. Você terá nas laterais do quadrado, sempre no primeiro e no último espaços, 3 pontos altos e 4 pontos altos nos espaços centrais.

PASSO 19

Vire a peça de modo que o avesso dos pontos fique voltado para cima e encerre com 1 ponto baixíssimo.

PASSO 20

Corte o fio e arremate.

PASSO 21

PASSO 22

Corte 4 pedaços de fio com mais ou menos 1,50 m.

PASSO 23

Prenda-os nos 4 cantos, dobrando cada fio ao meio e passando as pontas pela laçada.

PASSO 24

PASSO 25

Com um nó simples, pendure seu hanger no gancho.

CROCHÊ EM FIO DE MALHA

PEÇA 9: CESTO OVAL

Medida: 28 x 11 x 8 cm (C x L x A)

Nível de dificuldade:

Pontos usados: correntinha, ponto baixo, ponto baixo centrado e ponto caranguejo

Quantidade de fio: 1 novelo de fio de malha

Material: agulha de numeração compatível com a espessura do fio

CROCHÊ EM FIO DE MALHA

Inicie com 14 correntinhas.

PASSO 1

Volte na corrente fazendo 13 pontos baixos e, no 13º espaço, coloque mais 3 pontos baixos.

PASSO 2

Siga fazendo 12 pontos baixos

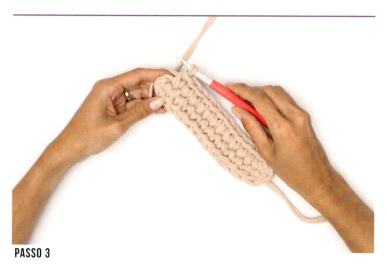

PASSO 3

e, no último espaço, complete com mais 3 pontos baixos.

PASSO 4

Finalize a carreira com o fechamento simples em ponto baixíssimo.

PASSO 5

Inicie a segunda volta do fundo de seu cesto com 1 correntinha de subida.

PASSO 6

Depois, trabalhe 12 pontos baixos.

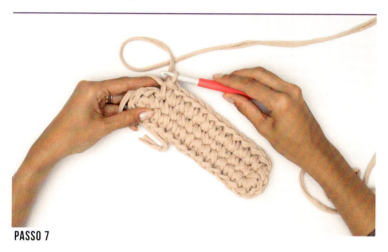

PASSO 7

No 13º espaço, trabalhe um aumento (2 pontos baixos saindo do mesmo ponto de base).

PASSO 8

Nos 14º, 15º e 16º espaços, repita os aumentos da mesma maneira.

PASSO 9

Do 17º até o 28º espaço, trabalhe pontos baixos normais.

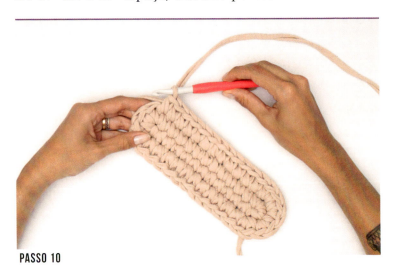

PASSO 10

Nos 29º, 30º e 31º espaços, trabalhe novamente aumentos.

PASSO 11

Crie um espaço na corrente em que você fez o ponto baixíssimo da carreira anterior

PASSO 12

e trabalhe mais 1 aumento.

Finalize a carreira com o fechamento simples em ponto baixíssimo.

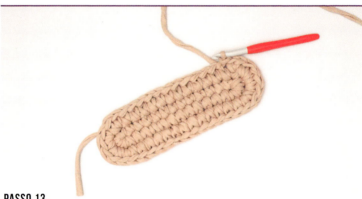

PASSO 13

Inicie a 3ª volta da mesma maneira que iniciou a carreira anterior e trabalhe 13 pontos baixos.

PASSO 14

No 14º espaço, faça 1 aumento.

No 15º espaço, trabalhe 1 ponto baixo normal.

No 16º espaço, faça 1 aumento.

No 17º espaço, trabalhe 1 ponto baixo normal.

No 18º espaço, faça 1 aumento.

No 19º espaço, trabalhe 1 ponto baixo normal.

No 20º espaço, faça 1 aumento.

PASSO 15

Do 21º até o 33º espaço, faça pontos baixos.

PASSO 16

No 34º espaço, faça 1 aumento.

No 35º espaço, trabalhe 1 ponto baixo normal.

No 36º espaço, faça 1 aumento.

No 37º espaço, trabalhe 1 ponto baixo normal.

No 38º espaço, faça 1 aumento.

No 39º espaço, trabalhe 1 ponto baixo normal.

No 40º espaço, faça 1 aumento.

PASSO 17

Não finalize a carreira.

Vire sua peça a 180 graus, de modo que a laçada do fio fique mais perto de você. Deixe o fio do trabalho por cima do fundo do cesto.

PASSO 18

Embaixo da cabeça do primeiro ponto baixo da carreira, introduza a agulha de cima para baixo, enganche a agulha na laçada e traga-a para cima.

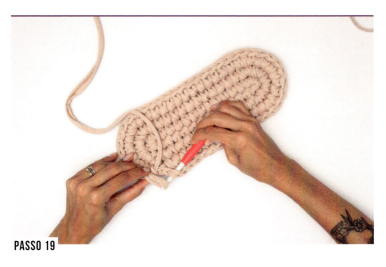

PASSO 19

PASSO 20

Faça 1 correntinha para iniciar a primeira carreira,

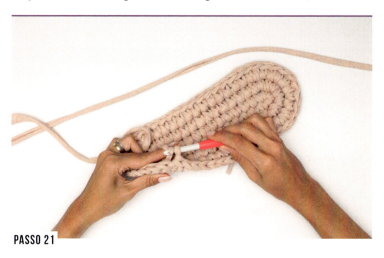
PASSO 21

pule 1 espaço e, no seguinte, trabalhe 2 pontos baixos no mesmo espaço.

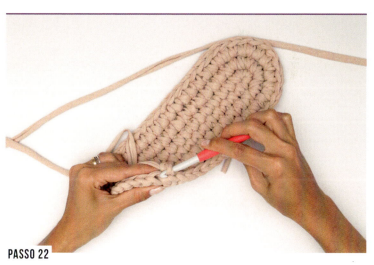
PASSO 22

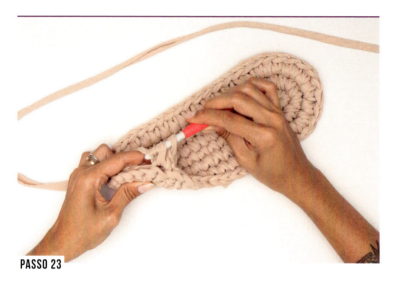

PASSO 23

Siga dessa forma, pulando 1 espaço e trabalhando 2 pontos baixos no espaço seguinte.

PASSO 24

CROCHÊ EM FIO DE MALHA

PASSO 25

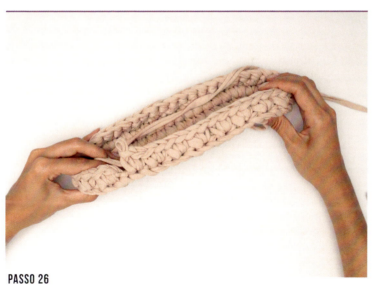

PASSO 26

Finalize a carreira com o fechamento simples em ponto baixíssimo.

PASSO 27

Sem subir 1 correntinha, pule o primeiro ponto baixo e entre com a agulha no centro do ponto baixo seguinte.

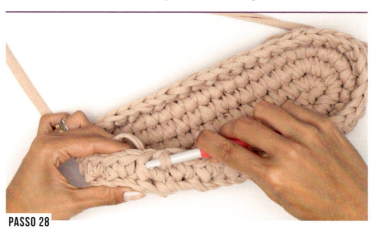

PASSO 28

Trabalhe 2 pontos baixos nesse espaço.

PASSO 29

Siga essa e as demais carreiras sempre dessa forma, pulando 1 espaço e trabalhando 2 pontos baixos no centro do ponto baixo seguinte.

PASSO 30

Sugestão de 4 carreiras.

PASSO 31

Agora faremos o acabamento em ponto caranguejo. Finalize a última carreira com o fechamento simples em ponto baixíssimo. Em seguida, trabalhe 1 correntinha.

PASSO 32

Introduza a agulha no espaço anterior ao fechamento,

PASSO 33

lace o fio do trabalho e traga essa laçada para a frente.

PASSO 34

Lace mais uma vez o fio do trabalho

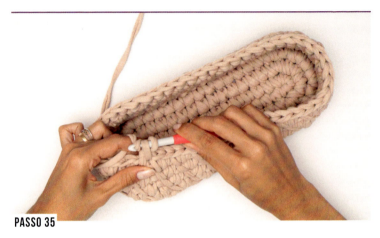

PASSO 35

e passe por dentro das 2 laçadas que estavam na agulha, fechando com 1 ponto baixo.

PASSO 36

Siga fazendo o ponto caranguejo dessa forma por todos os espaços entre pontos da carreira anterior.

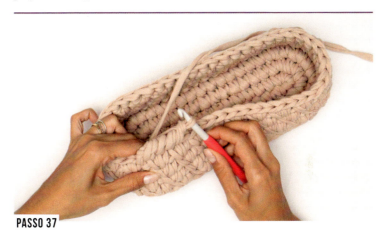
PASSO 37

PASSO 38

Corte o fio deixando uns centímetros para a finalização e o acabamento da peça.

PASSO 39

Puxe o fio todo

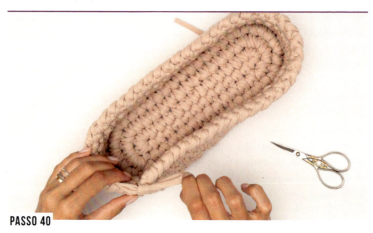

PASSO 40

e, com a ajuda da agulha de crochê, prenda-o na parte interna do cesto, por trás de alguns pontos.

PASSO 41

PEÇA 10: CESTO CEGONHA

Medida: 20 cm de diâmetro x 12 cm de altura

Nível de dificuldade:

Pontos usados: círculo mágico, correntinha, ponto baixo, ponto baixo centrado, ponto alto e ponto baixíssimo

Quantidade de fio: 1 a 2 novelos de fio de malha

Material: agulha de numeração compatível com a espessura do fio

CROCHÊ EM FIO DE MALHA

Inicie com um círculo mágico.

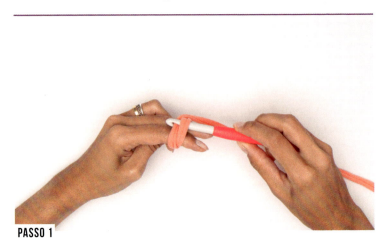

PASSO 1

Comece a colocar pontos baixos no círculo

PASSO 2

e preencha com um total de 8 pontos baixos.

Finalize com 1 ponto baixíssimo.

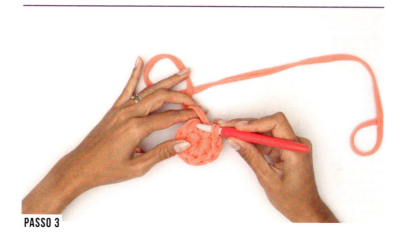

PASSO 3

Suba 1 corrente para iniciar a segunda carreira e, no primeiro espaço junto à correntinha, trabalhe 1 ponto baixo.

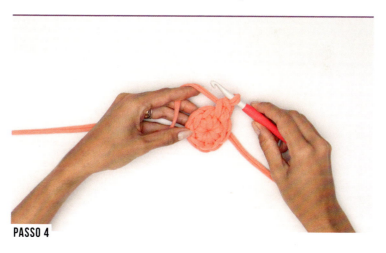

PASSO 4

Em seguida faça aumentos (2 pontos baixos) nos próximos espaços.

PASSO 5

No último espaço da carreira,

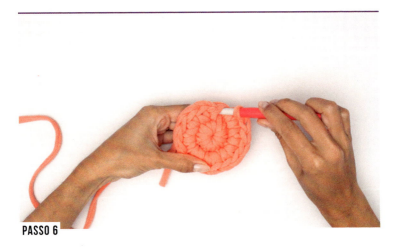

PASSO 6

faça apenas 1 ponto baixo e finalize em ponto baixíssimo (total de 16 pontos baixos).

PASSO 7

Suba 2 correntes

PASSO 8

e trabalhe exatamente da mesma maneira, só que agora fazendo pontos altos (total de 32 pontos altos).

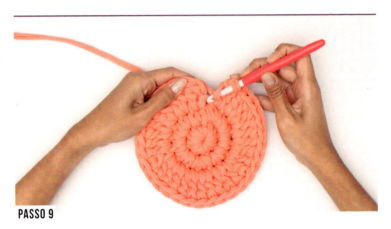

PASSO 9

Finalize com ponto baixíssimo. Suba 1 corrente e trabalhe a próxima carreira começando com 1 ponto baixo no espaço próximo à corrente e, no espaço seguinte, 1 aumento. Depois, 1 ponto baixo sozinho e, em seguida, 1 aumento. Siga intercalando (total 48 pontos baixos).

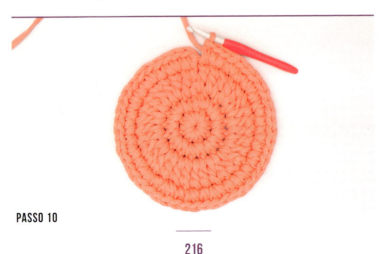

PASSO 10

Não finalize a carreira e gire a base a 180 graus, deixando a abertura próxima a você.

PASSO 11

Com a agulha de cima para baixo, entre embaixo da cabeça do primeiro ponto baixo da carreira anterior e busque a laçada da cabeça do último ponto baixo, trazendo-a para cima.

PASSO 12

Em seguida, lace o fio do trabalho

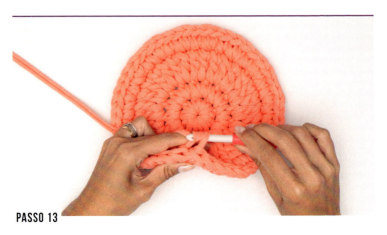

PASSO 13

e trabalhe 1 corrente.

Localize o primeiro espaço entre pontos pela parte do avesso de sua base e introduza a agulha ali.

PASSO 14

Faça 1 ponto baixo normalmente nesse espaço. Siga para o próximo espaço

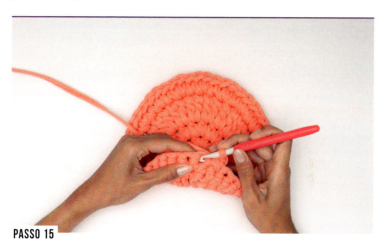

PASSO 15

e trabalhe ponto baixo, 1 em cada espaço, por toda a carreira (total de 48 pontos).

PASSO 16

Finalize em ponto baixíssimo.

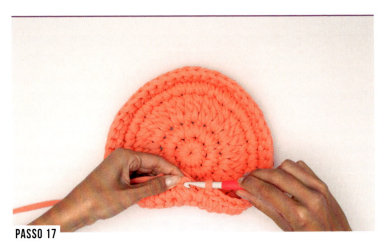
PASSO 17

Trabalhe 1 correntinha e comece a próxima carreira fazendo 1 ponto baixo centrado em cada ponto baixo da carreira anterior.

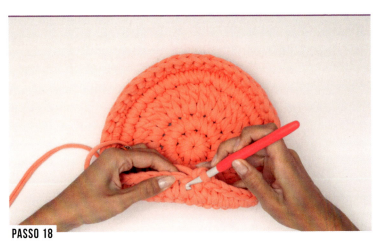
PASSO 18

Pule o último espaço para fazer 1 diminuição de pontos (total 47 pontos baixos centrados) e finalize em ponto baixíssimo.

PASSO 19

Na terceira carreira da subida, comece com 1 correntinha, pule o primeiro ponto baixo centrado para fazer mais 1 diminuição e trabalhe em ponto baixo centrado até o último ponto da carreira anterior (total 46 pontos baixos centrados).

Inicie a quarta carreira com 1 correntinha e já trabalhe o ponto baixo centrado desde o primeiro ponto baixo centrado da carreira anterior. Siga até ter um total de 22 pontos baixos centrados. No 23º espaço, faça uma laçada no centro do ponto, como se fosse iniciar o ponto baixo centrado, mas não finalize. Vá para o ponto seguinte e faça a mesma coisa, ficando com 3 laçadas em sua agulha.

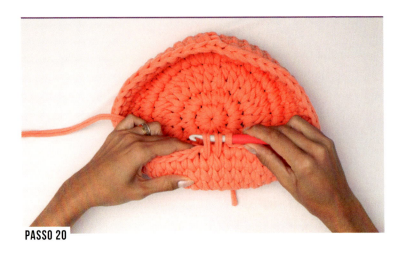

PASSO 20

Feche com 1 ponto baixo

PASSO 21

criando, então, 1 diminuição no centro de seu cesto (você transformou o 23º e o 24º pontos da carreira anterior em apenas 1 ponto nessa carreira). Termine a carreira com os outros 22 pontos baixos que ainda restam e finalize com o ponto baixíssimo (total 45 pontos).

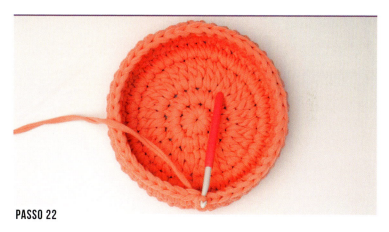

PASSO 22

Inicie a quinta carreira da mesma maneira que iniciou a quarta, mas trabalhe somente 15 pontos baixos centrados.

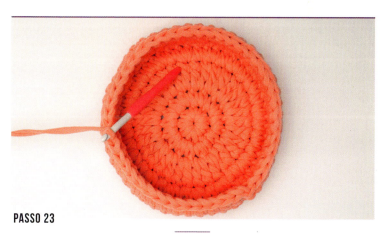

PASSO 23

Em seguida, trabalhe 15 pontos baixos na segunda alça da cabeça dos pontos baixos centrados da carreira anterior.

PASSO 24

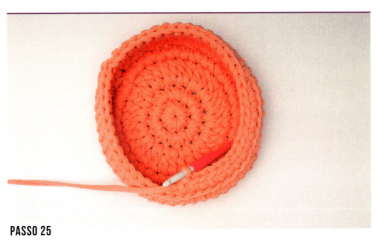

PASSO 25

Após os 15 pontos, retome o ponto baixo centrado

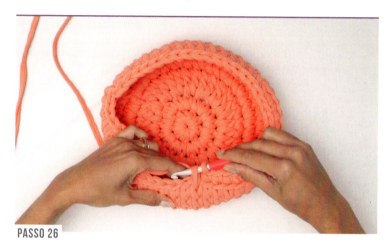

PASSO 26

e trabalhe desse modo até o final da carreira (total de 45 pontos). Finalize com o ponto baixíssimo.

PASSO 27

Inicie a sexta carreira como a quinta. Quando chegar aos 15 pontos baixos feitos na segunda alça na carreira anterior, pule o primeiro ponto

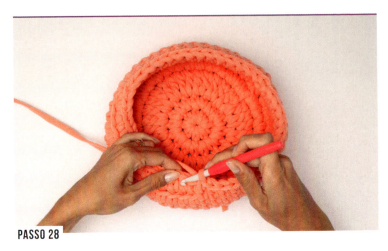

PASSO 28

e faça 13 pontos baixos centrados. Pule o último ponto desse intervalo de 15 pontos da carreira anterior e conecte direto no espaço seguinte.

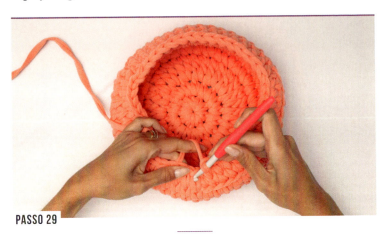

PASSO 29

Complete o restante dos espaços com os pontos baixos centrados (total de 43 pontos baixos centrados) e finalize com o ponto baixíssimo.

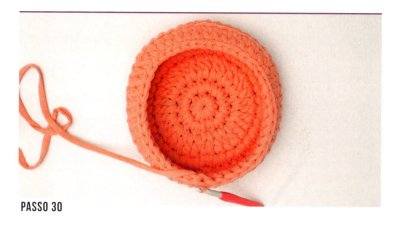

PASSO 30

Na sétima carreira, trabalhe todos os pontos em ponto baixo centrado, sem aumentos e sem diminuições. Total de 43 pontos baixos centrados. Finalize em ponto baixíssimo.

Na oitava carreira, siga em ponto baixíssimo por todos os espaços para dar o acabamento da borda.

PASSO 31

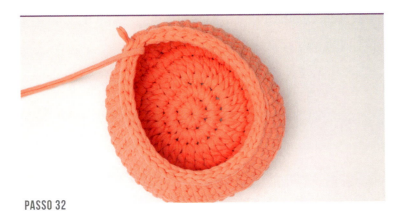

PASSO 32

Corte o fio deixando uns centímetros para a finalização e o acabamento da peça.

PASSO 33

Puxe o fio todo e, com a ajuda da agulha de crochê, passe o fio por trás do primeiro ponto baixíssimo que você fez na carreira.

CROCHÊ EM FIO DE MALHA

PASSO 34

Volte com o fio que sobrou para dentro do cesto, pelo meio do último ponto baixíssimo que você fez.

PASSO 35

Arremate o fio pelo lado de dentro de seu cesto, escondendo por trás de alguns pontos.

ALCINHA PARA PENDURAR NO GANCHO

Trabalhe em média 15 correntinhas.

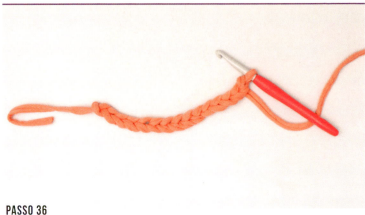

PASSO 36

Volte nas correntes fazendo ponto baixíssimo para dar mais estrutura para a alça.

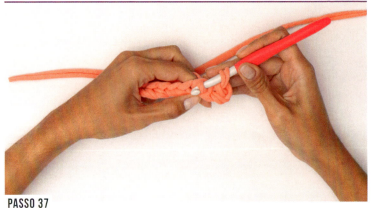

PASSO 37

CROCHÊ EM FIO DE MALHA

PASSO 38

Corte o fio deixando alguns centímetros para prender a alça no cesto e puxe, passando por dentro da laçada, deixando o fio preso.

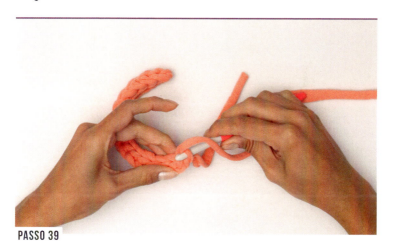

PASSO 39

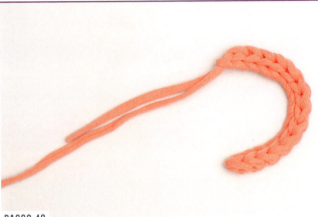

PASSO 40

No centro do cesto, na segunda carreira a partir da borda, conecte a alcinha de correntinhas.

PASSO 41

Passe o fio por dentro do cesto

PASSO 42

e leve-o para fora.

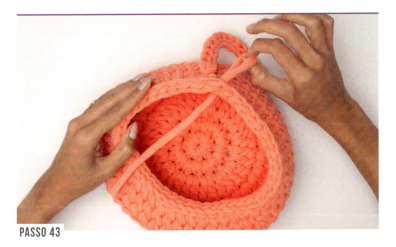

PASSO 43

Agora, puxe o fio por dentro da primeira correntinha, conectando a ponta da alça com o cesto.

PASSO 44

Leve o pedaço de fio que sobrar para dentro do cesto, a fim de esconder e arrematar.

PASSO 45

CROCHÊ EM FIO DE MALHA

Para dar acabamento, você pode colocar um pedaço de fio de malha cobrindo a base da alcinha, colando as pontinhas com cola para tecido ou costurando com linha e agulha.

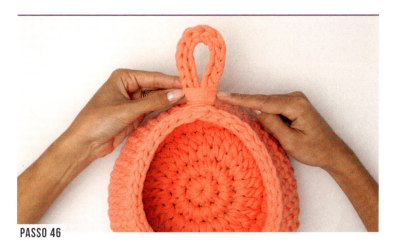

PASSO 46

PEÇA 11: BOLSA TIPO SACO

Medida: 18 cm de diâmetro x 18 cm de altura
Nível de dificuldade:
Pontos usados: círculo mágico, correntinha, ponto baixo, ponto baixo centrado, ponto alto e ponto baixíssimo
Quantidade de fio: 1 a 2 novelos de fio de malha
Material: agulha de numeração compatível com a espessura do fio

CROCHÊ EM FIO DE MALHA

Inicie com um círculo mágico.

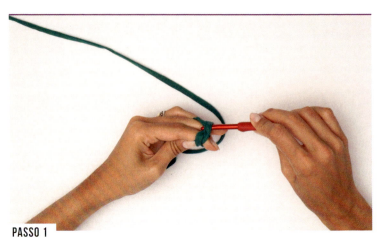

PASSO 1

Coloque 8 pontos baixos no círculo

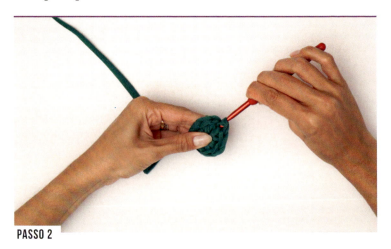

PASSO 2

e finalize com um ponto baixíssimo.

Suba 1 corrente para iniciar a segunda carreira e, no primeiro espaço junto à correntinha, trabalhe 1 ponto baixo. Em seguida, faça aumentos (2 pontos baixos) nos próximos espaços. No último espaço da carreira, faça apenas 1 ponto baixo e finalize em ponto baixíssimo (total de 16 pontos baixos).

PASSO 3

Suba 2 correntes e trabalhe exatamente da mesma maneira, só que agora fazendo pontos altos (total de 32 pontos altos).

PASSO 4

PASSO 5

Finalize com ponto baixíssimo.

Suba 2 correntes e trabalhe exatamente do mesmo modo, só que agora fazendo pontos altos alternados, ou seja, 1 sozinho, 1 aumento... (total de 48 pontos altos).

PASSO 6

Finalize com ponto baixíssimo.

Suba 1 corrente e coloque 1 ponto baixo centrado em cada ponto alto da carreira anterior,

PASSO 7

sem aumentos ou diminuições, mantendo os 48 pontos no total.

PASSO 8

Finalize em ponto baixíssimo e vire a peça, deixando o lado avesso do ponto, que estava virado para baixo, agora virado para cima.

PASSO 9

Gire a peça no sentido horário, de modo que a laçada da agulha esteja mais longe de você, mudando o sentido da trama.

PASSO 10

Assim, o avesso do meio ponto alto aparecerá pelo lado de fora da bolsa. Trabalhe a carreira inteira com 48 meios pontos altos e finalize com ponto baixíssimo.

PASSO 11

Gire a peça no sentido anti-horário

PASSO 12

e trabalhe com pontos baixos em todos os espaços na carreira. Finalize com ponto baixíssimo.

PASSO 13

Trabalhe alternando carreiras de meio ponto alto e ponto baixo, sempre girando nos sentidos indicados anteriormente antes de começar cada carreira, por um total de 13 carreiras (a última será de ponto baixo) ou um número de carreiras ímpares no total, de acordo com seu gosto.

PASSO 14

Agora faremos 1 carreira com os espaços delimitados para passar o cordão/enforcador de sua bolsa. Inicie fazendo 3 pontos baixos centrados.

PASSO 15

Em seguida, trabalhe 2 correntinhas (e pule 1 ponto baixo da carreira anterior).

PASSO 16

Reconecte no centro do ponto baixo seguinte e faça 5 pontos baixos centrados. Trabalhe 2 correntinhas, pule 1 ponto baixo de base e reconecte fazendo 3 pontos baixos centrados.

Novamente, faça 2 correntinhas pulando 1 ponto de base e, então, trabalhe 8 pontos baixos centrados. Duas correntinhas pulando 1 ponto de base e 2 pontos baixos centrados. Duas correntinhas pulando 1 ponto de base e 8 pontos baixos centrados. Repita 2 correntinhas pulando 1 ponto de base e faça 3 pontos baixos centrados.

Mais uma vez, 2 correntinhas pulando 1 ponto de base e trabalhe 5 pontos baixos centrados.

Por fim, faça 2 correntinhas pulando 1 ponto de base e complete a carreira com os 3 pontos baixos centrados que faltam.

PASSO 17

Corte o fio, deixando alguns centímetros para o acabamento.

PASSO 18

Puxe todo o fio e leve-o para dentro, passando pelo centro da cabeça do último ponto baixo que você fez na carreira.

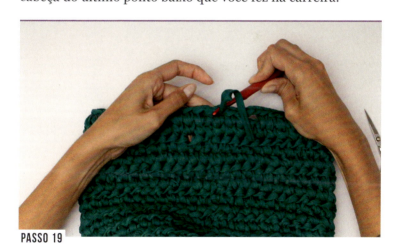

PASSO 19

Arremate o fio por trás de alguns pontos do lado interno da bolsa.

Organize direitinho a divisão dos pontos, centralizando o espaço de correntes, 2 pontos baixos e correntes para a frente. Feito isso, dobre a bolsa como nas fotos seguintes.

PASSO 20

PASSO 21

CROCHÊ EM FIO DE MALHA

Agora é só passar o cordão ou enforcador escolhido pelos espaços reservados, contornando toda a boca da sua bolsa.

PASSO 22

CAPÍTULO 5

DICAS ESPECIAIS

FOTOS

Além dos aspectos relaxantes das atividades manuais e do resgate afetivo que trazemos à tona ao tecer nossas próprias peças, sabemos que essa também pode ser uma excelente forma de fazer renda extra.

O mercado *handmade* tem ganhado muito espaço, justamente pela valorização do que é feito à mão, com afeto e atenção, atendimento individualizado e com exclusividade. Temos caminhado muito em direção ao consumo mais consciente, evitando o descarte desenfreado daquilo que compramos.

Os pequenos produtores e comerciantes estão mostrando sua força e nosso mercado artesanal enche a internet com lojas virtuais de encantar os olhos. Se você quer colocar a mão na massa em busca desse sonho e também fazer do seu hobby uma profissão, prepare-se: você precisa se dedicar muito!

E, como nossa jornada começou há alguns anos, podemos adiantar algumas dicas para que você consiga pular etapas nessa trajetória de arriscar e analisar os resultados.

Para vender suas peças na internet, seja em uma plataforma coletiva de compra e venda, seja em um site próprio ou até mesmo por meio das redes sociais, você vai precisar de algo primordial: fotos!

Por incrível que pareça, muita gente coloca milhares de impeditivos para desenrolar suas vendas por achar que não tem como fazer boas fotos dos produtos, ou que não tem dinheiro para investir em equipamento profissional.

As fotos que postamos em nossas redes sociais são, em maioria, feitas com nossos celulares e por isso podemos garantir que o resultado tem muito mais a ver com técnica que puramente com o equipamento.

FAÇA FOTOS DE SEUS PRODUTOS

Para quem está começando, pode parecer um caminho muito longo tecer uma variedade de produtos para fotografar, mas isso é extremamente essencial. Seu cliente precisará escolher um produto do seu catálogo e nunca, em hipótese alguma, use fotos de outros artesãos para exemplificar algo que você pode tecer. Além de ser antiético usar fotos de outras pessoas, você vai induzir o cliente a comprar algo que ele não viu como fica quando VOCÊ faz! Sim, nossas mãos e maneiras de tecer são únicas.

Quando estamos começando, nossas habilidades são mais restritas comparadas com as de um artesão com anos de prática. Todas essas questões influenciam o resultado de sua peça, portanto faça fotos dos produtos que foram tecidos por você.

Uma querida amiga, Roberta, conta que, no início de sua trajetória no crochê, ela não podia comprar muito material e fios para tecer. Como ela fazia para tirar as fotos dos seus produtos e postar nas redes sociais? Tecia, clicava as fotos e, por fim, desmanchava a peça para, então, usar o fio novamente. Se isso não é força de vontade para fazer acontecer, não sabemos como chamar!

PROCURE UM BOM FUNDO PARA AS FOTOS

Sua peça está pronta e agora você precisa partir para as fotos, certo? Procure um lugar que tenha um fundo ideal para isso. A maioria das pessoas acredita que fotos de produto precisam ser sempre em fundo branco para mostrar melhor o produto, sem interferências. Isso faz muito sentido, mas podemos escolher um fundo neutro, sem interferir no objetivo de mostrar seu produto, e que não seja necessariamente branco. De repente você tem uma parede de tijolo ou de cimento queimado, ou uma mesa de madeira, que vão trazer um ar interessante e dar mais personalidade para a foto. Procure algo que combine com sua marca e que some na hora do clique (e nunca tire o destaque principal, que é do produto em si).

PROCURE UM LOCAL COM BOA ILUMINAÇÃO

Como estamos falando de fotos sem equipamento profissional, temos que contar com boa iluminação natural. Uma dica que ajuda muito a gente até hoje e sempre gostamos de passar é o uso da luz de janela. Posicionando o produto próximo a uma entrada de luz natural e lateral, o resultado da foto ficará mil vezes melhor do que você simplesmente posicionar sua peça em cima da mesa de jantar e acender a luz pendente sobre ela.

Agora que você já teceu sua primeira peça e encontrou fundo e luz perfeitos para as fotos, curta o momento e experimente. Faça fotos de alguns ângulos diferentes e também faça outras usando alguns elementos para compor uma cena.

Normalmente temos a opção de colocar mais de uma foto de cada produto em sites e redes sociais, por isso uma dica super-legal para valorizar suas peças é aproveitar esses recursos com diferentes tipos de fotos. Uma pode ser somente do produto em um fundo neutro que você escolheu, outra pode ser dessa peça em uma cena ou modelo. Por exemplo, um sousplat compondo uma mesa posta ou uma bolsa compondo um look. Essas fotos são excelentes para dar noção do tamanho das peças para os clientes, que, virtualmente, não têm a opção de pegar os produtos nas mãos e provar antes de efetuar a compra.

Sempre que falamos com artesãos interessados em criar suas próprias marcas e vitrines virtuais, pontuamos algo importante: o que faz seu negócio ser único? Reflita sobre isso em todos os aspectos, até mesmo na hora das fotos.

Apesar de darmos várias dicas aqui, uma ainda mais importante é a de você encontrar sua essência, o que você quer passar para o cliente; uma característica sua e da sua marca. Mostrar também o aspecto humano além de uma foto caprichada é um grande diferencial para a marca artesanal. Tenha sempre isso em mente.

CAPÍTULO 6

HORA DE EMPREENDER

Mergulhar de cabeça em um negócio próprio pode parecer loucura para muitos, mas acreditamos que você não escolheu este livro à toa e já está considerando encarar esse desafio delicioso de colocar sua mente e seu coração em algo que realmente dê prazer e tenha possibilidades concretas de retorno financeiro. Para quem nunca teve essa experiência, e para quem já teve e ficou com uma terrível lembrança, precisamos pontuar alguns aspectos.

Trabalhar sozinho é muito difícil, pois você precisa cuidar de tudo o que é necessário para uma empresa: compra de estoque de materiais, precificação, divulgação e marketing, finanças, relacionamento com o cliente, atendimento etc.

O acúmulo de funções é algo que pode atrapalhar muitas pessoas que ficam sempre com uma máxima em foco: "eu não sei vender; meu negócio é criar as peças" ou algo semelhante a isso.

Realmente teremos habilidades muito mais apuradas em questões "x" e não tanto ou nenhuma em questões "y", mas você vai precisar aprender! Afinal, estamos falando aqui de transformar um hobby (só prazer e diversão) em negócio (e trabalhar dá trabalho!).

Apesar de ser um nicho que você adora, e algo que dá muita satisfação, existe a parte do trabalho pesado como qualquer outro, e você não vai ter um chefe para exigir resultados ou ficar de olho no seu horário e na produtividade. Tudo dependerá somente de você e é uma tarefa e tanto encontrar esse equilíbrio.

Tenha intensidade e constância. No começo, seja compassivo com você mesmo, mas igualmente esforçado. Entenda que você está em uma jornada de aprendizado. Haverá muitas falhas e você precisa aprender com elas e ter criatividade para pensar novas soluções e alternativas para corrigi-las.

Tenha disciplina. Trabalhar em casa pode ser a glória para uns e a derrota para outros. Apesar de estar em um ambiente totalmente amigável, você vai se deparar com milhares de questões para tirá-lo do prumo, como atividades de casa, filhos, o próprio sofá convidando-o a se aconchegar e fazer uma pecinha ou outra de olho na TV. Se isso se tornar um hábito, além de ruim para sua coluna, fará você perder o foco.

Acorde em um horário que seja bom para você e estipule uma rotina, como se você estivesse saindo para trabalhar. Tome banho, vista-se (nada de pijamas!) e tenha um local que seja sua "sala de trabalho". Mesmo que você não tenha um cômodo da casa reservado para isso, encare o espaço como seu escritório. Crie sua rotina, os intervalos para você se esticar, cuidar de uma coisa ou outra da casa sem perder o foco ou as noções de prioridade.

Organize-se. Se você for do time do papel, use um bloco ou um planner. Liste três objetivos para o dia e algumas tarefas secundárias que precise concluir, mas que, se não der tempo e acabar ficando para o dia seguinte, tudo bem. Por exemplo: hoje você precisa pagar um boleto de um fornecedor de etiquetas de sua marca; isso não pode ficar para amanhã. Você também precisa comprar mais fios de cor cinza para finalizar uma encomenda, mas ainda tem um pouco de prazo para isso, então, se não der tempo de sair hoje, pode ir à loja outro dia da semana. Essas questões de se organizar com o que precisa ser feito por prioridades ajuda quem fica um pouco perdido com o acúmulo de funções. Mas, nessa dança, cada um encontra seu próprio ritmo com a prática. Então, sinta as batidas da música e vá em frente sem medo de se descobrir!

Na jornada de empreender, abrimos portas para descobertas e uma delas é o autoconhecimento. Colocamo-nos no limite em muitas situações. Lidamos com emoções, muitos momentos de imersão ao tecer e inúmeras vezes enfrentamos medos e limites ao longo da vida. Vivemos rodeados por crenças limitantes que vamos alimentando, dia após dia, e deixando criar corpo e voz, nos perdendo de nossa essência, de nossos sonhos e do que acreditamos. A ansiedade de obter resultados rápidos e concretos vem para somatizar e acaba criando uma confusão imensa em nossa cabeça, que fica repleta de incertezas. Você vai aprendendo a lidar com isso, a dar vazão e a entender que empreender tem muito mais a ver com processos e vencer dificuldades e que muitos, quando se deparam com elas, desistem. Por tudo isso, a frase que mais gostamos de falar para quem nos acompanha é: aprecie a jornada.

É nessa trilha com pedras pelo caminho e buquês floridos que a gente aprende e expande, e é para isso que existimos, não é mesmo?

CROCHÊ EM FIO DE MALHA

CONSIDERAÇÕES FINAIS

Agora você já tem algumas dicas valiosas e pode começar a fazer algo por você.

Seja esse começo despretensioso (apenas um modo de distração), seja cheio da garra e da coragem de quem quer empreender, o importante é que tenhamos levado a você encantamento por meio da técnica do crochê com fio de malha.

Esperamos que os desafios que enfrentamos e cada resultado positivo obtido durante a caminhada possam inspirar o leitor a iniciar algo que ame.

Não tenha pressa, o trabalho com as mãos pede calma, apreciação. Pesquise sempre, pratique um pouco por dia e não desista até alcançar o desejado. Continue assim e, pouco a pouco, vá conquistando cada um de seus objetivos.

O crochê, além de atividade extremamente relaxante, conduz a uma jornada de autoconhecimento e, como gostamos sempre de enfatizar, aprecie a **sua** jornada!

A Editora Senac Rio publica livros nas áreas de Beleza e Estética, Ciências Humanas, Comunicação e Artes, Desenvolvimento Social, Design e Arquitetura, Educação, Gastronomia e Enologia, Gestão e Negócios, Informática, Meio Ambiente, Moda, Saúde, Turismo e Hotelaria.

Visite o site **www.rj.senac.br/editora**, escolha os títulos de sua preferência e boa leitura.

Fique atento aos nossos próximos lançamentos!

À venda nas melhores livrarias do país.

Editora Senac Rio
Tel.: (21) 2018-9020 Ramal: 8516 (Comercial)
comercial.editora@rj.senac.br

Fale conosco: faleconosco@rj.senac.br

Este livro foi composto nas tipografias Peace Sans, Bebas Neue, Source Sans e Georgia e impresso pela Coan Indústria Gráfica Ltda., em papel *couché matte* 120 g/m², para a Editora Senac Rio, em abril de 2022.